Secretos Básicos de Bienes Raíces Que Ellos No Quieren Que Sepas

Por Alberto Molina

Política de Privacidad y Descargo de Responsabilidad de Ganancias

Este libro se vende con el entendimiento de que ni el editor ni los autores están ofreciendo servicios profesionales de asesoramiento legal, inversión o contabilidad. Si se requiere asesoramiento legal o asistencia experta, se debe buscar el servicio de un profesional competente cuando sea necesario. La información, las ideas y las sugerencias contenidas en este libro han sido desarrolladas a partir de fuentes, incluyendo publicaciones e investigaciones que se consideran y se cree que son confiables, pero no se pueden garantizar.

El autor específicamente rechaza cualquier responsabilidad o riesgo personal o de otro tipo incurrido como consecuencia, directa o indirectamente, del uso y aplicación de cualquiera de las técnicas o contenidos de este libro.

Contenido

Dedicatoria

Dedico este libro a TI, por leerlo y tomar acción. No tienes que ser rico o poderoso para conocer estos secretos.

Lo Que Este Libro Hará Por Ti

Bienvenido a Los Secretos Básicos de Bienes Raíces Que Ellos No Quieren Que Sepas. Si estás leyendo este libro, probablemente estés cansado de vivir una vida que parece estar atascada en neutral.

Estás cansado de trabajar duro pero no ver los resultados que deseas. Estás cansado de sentir que siempre estás a un sueldo de distancia de un desastre financiero. Estás cansado de sentir que hay más en la vida, pero no sabes cómo llegar allí.

Bueno, estoy aquí para decirte que hay más en la vida, y no es tan complicado como podrías pensar. En este libro, voy a compartir contigo los secretos básicos que los ricos y exitosos no quieren que sepas. Estos son los secretos que pueden ayudarte a tomar control de tu futuro financiero, alcanzar tus metas y vivir la vida que siempre has querido.

Ahora, podrías estar pensando, ¿Por qué los ricos y exitosos me ocultarían secretos? La verdad es que no lo hacen por ser malos o egoístas. Es solo que han aprendido estos secretos a través de ensayo y error, y no quieren compartirlos porque temen perder su ventaja.

Pero estoy aquí para decirte que no tienes que ser rico o poderoso para conocer estos secretos. Solo tienes que estar dispuesto a aprender y aplicarlos.

En este libro, compartiré contigo los principios que me han ayudado a lograr la libertad en mi propia vida. Estaré basándome en mis propias experiencias, así como en las experiencias de otras personas exitosas e increíbles que he conocido en el camino.

Te mostraré cómo puedes pensar de manera diferente sobre el dinero, cómo puedes manejar tus finanzas y cómo puedes construir riqueza con el tiempo.

Pero antes de adentrarnos en los secretos en sí, permíteme contarte un poco sobre mi propia historia.

Introducción

Crecí en una familia trabajadora hispana, y como la mayoría de las personas, me enseñaron a ir a la escuela, sacar buenas calificaciones y encontrar un buen trabajo. Y eso es exactamente lo que hice. Empecé a trabajar muchas horas, pero no estaba avanzando financieramente.

Vivía de cheque en cheque, y sentía que siempre tenía más mes al final del mes, que dinero al final del mes. Me di cuenta de que no importaba cuánto trabajara, nunca iba a avanzar si seguía haciendo lo que estaba haciendo.

Entonces, comencé a leer libros y a asistir a seminarios locales de bienes raíces. Aprendí sobre el poder de usar "DOP" el dinero de otras personas, "EOP" la experiencia de otras personas, y "TOP" el tiempo de otras personas, y comencé a invertir en bienes raíces.

No fue fácil, e hice algunos errores en el camino, pero con el tiempo, comencé a ver resultados.

Pude vivir una vida que nunca pensé que sería posible.

Y esa es una de las razones que me inspiró a escribir este libro. Quiero compartir contigo los secretos básicos que me ayudaron a lograr la libertad del sistema de 9 a 5. Quiero mostrarte que no tienes que ser rico o poderoso para vivir la vida que siempre has querido. Todo lo que necesitas es tener la mentalidad correcta, ser enseñable, dispuesto a aprender y listo para actuar.

Creciendo en una familia trabajadora hispana, no era ajeno a las dificultades financieras. Mi madre trabajaba incansablemente para proveer para nosotros, pero siempre parecía que nunca había suficiente dinero para todo. Recuerdo ver a mi madre preocupada por pagar las facturas, llegar a fin de mes y planificar un futuro incierto. Este entorno me enseñó el valor del trabajo duro, pero también me hizo cuestionar si había una mejor manera de lograr la estabilidad financiera.

A medida que me hacía mayor, comencé a buscar respuestas para romper el ciclo de dificultades financieras y proporcionar una vida mejor para mi familia. Mi búsqueda de conocimiento me llevó al mundo de la inversión en bienes raíces, que resultó ser un descubrimiento que cambió mi vida. A través de innumerables horas de investigación, networking y experiencia práctica, aprendí los entresijos de la industria y, más importante aún, descubrí los secretos que muchos inversores exitosos no quieren que sepas.

Estoy compartiendo mi historia y el conocimiento que he adquirido en este libro, "LOS SECRETOS BÁSICOS DE BIENES RAÍCES QUE ELLOS NO QUIEREN QUE SEPAS". Mi esperanza es que al compartir mi viaje, pueda ayudar a otros de antecedentes similares a darse cuenta de que lograr la libertad a través de la inversión en bienes raíces es posible. No importa de dónde vengas o cuál sea tu situación financiera actual, con la mentalidad correcta, la educación y la determinación, cualquiera puede construir un futuro próspero a través de los bienes raíces.

En los capítulos que siguen, exploraremos varias estrategias de inversión, profundizaremos en el arte de la negociación y discutiremos la importancia de construir un equipo confiable. En el camino, también compartiré mis propias experiencias.

Este libro es más que una colección de secretos de bienes raíces, es una invitación a embarcarse en un viaje de transformación personal y financiera. Los Secretos Básicos Que Ellos No Quieren Que Sepas es un libro que puede ayudarte a lograr la libertad y el éxito con el tiempo.

Si estás listo para tomar el control de tu futuro financiero, si estás listo para vivir la vida que siempre has querido, entonces este libro es para ti.

Bienvenido a bordo del viaje.

Tu amigo,
Alberto Molina.

Capítulo 1

Construyendo una Sólida Fundación

Cuando era niño, recuerdo que mi madre compartía una historia que siempre se me quedó grabada, y cuando me aventuré en el mundo de la inversión en bienes raíces, me di cuenta de lo valiosa que realmente era esa lección. La historia es así.

Había una vez, en un pequeño pueblo, dos hombres decidieron construir sus casas. El primer hombre eligió construir su casa en un acantilado rocoso con vista al océano, mientras que el segundo hombre eligió construir su casa en la orilla arenosa cerca del agua. Ambos hombres trabajaron diligentemente, construyendo sus hogares con cuidado y precisión. Sin embargo, cuando llegó la primera tormenta, el hombre que construyó su casa en la arena descubrió que su hogar fue arrastrado por las olas implacables. El hombre que construyó su casa en la roca, sin embargo, vio cómo su hogar resistía firme contra el viento y la lluvia.

La lección que mi madre me enseñó a través de esta historia es que la fundación sobre la cual construimos nuestras vidas es crucial para nuestro éxito. En el mundo de la inversión en bienes raíces, esta lección no podría ser más relevante. Como inversionista en bienes raíces, construir una fundación sólida es el primer secreto que no quieren que sepas.

En este libro, compartiré contigo los secretos que me han ayudado a tener éxito en el mundo de la inversión en bienes raíces. El primer paso es establecer una base fuerte sobre la cual puedas construir tu negocio. Esto significa entender tus metas, tus recursos y tus limitaciones. También significa educarte sobre el mercado, los diferentes tipos de inversiones disponibles y las estrategias que han demostrado ser exitosas para otros.

Uno de los aspectos más importantes de construir una base sólida es entender tu "por qué". Tu "por qué" es la fuerza motriz detrás de tus acciones, la razón por la que estás dispuesto a tomar riesgos y la motivación que te mantiene avanzando incluso cuando las cosas se ponen difíciles. Para mí, mi "por qué" era crear libertad financiera para mi familia y tener la capacidad de devolver a mi comunidad. Al definir tu "por qué", puedes mantener el enfoque y seguir comprometido con tus metas.

Otro aspecto esencial de construir una base sólida es buscar continuamente conocimiento. La industria de bienes raíces está en constante evolución, y es crucial mantenerse informado y educado sobre las últimas tendencias, estrategias y oportunidades. Lee libros, asiste a seminarios y establece conexiones con otros inversores. Al hacerlo, no solo fortalecerás tu base, sino que también estarás mejor equipado para tomar decisiones informadas y aprovechar las oportunidades a medida que surjan.

Uno de los componentes más cruciales de una base sólida es tu mentalidad. La inversión en bienes raíces no es para los débiles de corazón. Habrá desafíos, obstáculos y contratiempos en el camino. Desarrollar una mentalidad resistente y adaptable te ayudará a navegar estos desafíos y asegurar tu éxito a largo plazo.

Recuerda, el primer secreto que no quieren que sepas sobre la inversión en bienes raíces es construir una base sólida. Al centrarte en tu "por qué", buscar continuamente conocimiento y desarrollar una mentalidad fuerte, estarás bien encaminado para crear un negocio de inversión en bienes raíces próspero y exitoso.

Al embarcarte en este viaje, te animo a que tengas en mente la historia de mi madre. Al igual que el hombre que construyó su casa sobre la roca, una base sólida te permitirá resistir las tormentas y salir más fuerte al otro lado. Que esta sea la primera de muchas lecciones que comparto contigo mientras exploramos los 48 capítulos de

"Los Secretos Básicos de Bienes Raíces que No Quieren que Sepas".

En los próximos capítulos, compartiré contigo algunas de las lecciones más cruciales que he aprendido a lo largo de mis años como inversionista en bienes raíces, lecciones que no solo me han ayudado a construir mi propio imperio, sino que también han ayudado a innumerables personas que han seguido mis pasos. Al compartir estos secretos, espero empoderarte con las herramientas y el conocimiento necesarios para construir tu propia base sólida en el mundo de la inversión en bienes raíces.

Uno de los aspectos más importantes de construir una base sólida es entender la importancia del aprendizaje constante y la auto mejora. Al igual que cualquier otro campo, la inversión en bienes raíces está en constante evolución, y es crucial estar al día con las últimas tendencias, estrategias y tecnologías. Al hacerlo, estarás mejor equipado para adaptarte a las condiciones cambiantes del mercado y aprovechar nuevas oportunidades a medida que surjan.

Otro elemento clave de una base sólida es el cultivo de relaciones fuertes con otros profesionales de la industria. Rodearte de individuos con ideas afines que comparten tu pasión por la inversión en bienes raíces no solo te proporcionará valiosos conocimientos y consejos, sino que también fomentará un ambiente de apoyo mutuo y colaboración.

Al embarcarnos juntos en este viaje, te animo a que permanezcas de mente abierta, comprometido y determinado. Con la base correcta en su lugar, no hay límites para lo que puedes lograr en el mundo de la inversión en bienes raíces.

Capítulo 2

La Mentalidad de Bienes Raíces

Hace años, fui invitado a una barbacoa en el vecindario donde conocí a un sabio anciano llamado Juan. Descubrí que era un experimentado inversor en bienes raíces con un impresionante portafolio de propiedades. Pero lo que más me impresionó de Juan fue su mentalidad y actitud hacia la inversión en bienes raíces. Mientras saboreábamos bebidas frías y disfrutábamos del aroma de los bistecs chisporroteantes, Juan compartió conmigo valiosos conocimientos que cambiarían para siempre mi enfoque de la inversión en bienes raíces.

uan enfatizó que la mentalidad de bienes raíces es uno de los primeros y más importantes secretos del éxito en esta industria. Va más allá de las charlas motivacionales y las afirmaciones positivas. Es un compromiso inquebrantable de hacer lo que sea necesario, en cualquier momento, por cualquier persona que ames. Esta misma mentalidad, explicó, es lo que le ha impulsado a destacar en el mundo de la inversión en bienes raíces.

Compartió una historia sobre una ocasión en la que se encontró con una vendedora angustiada que necesitaba vender su propiedad rápidamente debido a una emergencia familiar. En lugar de aprovechar la situación para su propio beneficio, la mentalidad de Juan lo guió para ayudar a la vendedora a obtener el mejor resultado posible. La conectó con otros inversores en su red y se aseguró de que ella recibiera un precio justo por su propiedad. Las acciones de Juan fueron un testimonio de la importancia de la mentalidad de bienes raíces en acción.

Juan también enfatizó que una fuerte mentalidad de bienes raíces te permite ver oportunidades donde otros podrían ver solo obstáculos. Recordó una instancia en la que compró una propiedad en ruinas que nadie más quería. Mientras otros veían un pozo sin fondo, Juan veía el potencial de ganancia. Con determinación y trabajo duro, transformó la casa en ruinas en una hermosa vivienda, vendiéndola finalmente por una ganancia significativa. Esta habilidad para reconocer oportunidades es un aspecto clave de la mentalidad de bienes raíces.

Una tarde, Juan me invitó a acompañarlo en un recorrido por sus propiedades. Mientras recorríamos cada edificio, señaló las diversas mejoras que había realizado y los desafíos que había enfrentado en el camino. Lo que me impresionó fue la inquebrantable creencia de Juan en su capacidad para superar cualquier obstáculo y su incansable búsqueda del éxito. Esto, explicó, era la esencia de la mentalidad de bienes raíces, la capacidad de superar la adversidad y nunca rendirse ante tus metas.

Cuando el sol comenzó a ponerse y la barbacoa empezó a terminar, Juan compartió una última pieza de sabiduría. Me dijo que la mentalidad de bienes raíces no es algo que se pueda aprender de la noche a la mañana, sino que es algo que debe cultivarse y nutrirse con el tiempo. Sugirió que leyera libros, asistiera a seminarios y me rodeara de personas con mentalidades afines para ayudar a desarrollar y mantener esta mentalidad.

Los conocimientos de Juan ese día me proporcionaron una nueva perspectiva sobre la inversión en bienes raíces. La mentalidad de bienes raíces no se trata solo de pensar de manera positiva o de estar motivado, se trata de tomar decisiones basadas en el amor y la dedicación, superar desafíos y reconocer oportunidades. Con esta mentalidad, estarás bien equipado para embarcarte en un viaje exitoso en el mundo de la inversión en bienes raíces.

A medida que continúas leyendo "Los Secretos Básicos de Bienes Raíces que No Quieren que Sepas", espero que la historia de Juan te inspire a desarrollar y mantener tu propia mentalidad de bienes raíces. Acepta este secreto esencial para el éxito, y estarás bien encaminado para desbloquear el verdadero potencial de la inversión en bienes raíces. Que la sabiduría de Juan te guíe mientras navegas por los desafíos y oportunidades que te esperan en esta emocionante y gratificante industria.

Al adoptar la mentalidad de bienes raíces, estarás bien equipado para navegar por los altibajos de la industria y, finalmente, lograr el éxito que deseas. Con esta base, podrás continuar con confianza tu viaje a través de "Los Secretos Básicos de Bienes Raíces que No Quieren que Sepas", aplicando los principios y lecciones que aprendas en tus propios emprendimientos de inversión en bienes raíces.

Deja que la sabiduría y las experiencias compartidas en este capítulo sirvan de faro de inspiración mientras avanzas, listo para desbloquear todo el potencial de la inversión en bienes raíces. Y recuerda siempre la importancia de mantener tu mentalidad de bienes raíces, pues es verdaderamente uno de los secretos más poderosos para alcanzar la grandeza en este emocionante y gratificante campo.

Capítulo 3

Entendiendo los Mercados de Bienes Raíces

Una cálida tarde, me encontré charlando con mi amigo y compañero inversor de bienes raíces, Carlos, quien tenía una asombrosa habilidad para identificar negocios rentables antes que cualquier otro en la ciudad. Sus excepcionales habilidades para tomar decisiones siempre me intrigaron, y no pude resistirme a pedirle consejos sobre cómo comenzar a invertir en bienes raíces.

Carlos me invitó a unirme a él para dar un paseo por el famoso Paseo del Río en San Antonio, donde podríamos discutir sus estrategias y perspectivas en un ambiente relajado. Mientras caminábamos por el sinuoso sendero, admirando la frondosa vegetación, las pintorescas tiendas y los bulliciosos restaurantes, compartió una historia que cambiaría para siempre mi perspectiva sobre la inversión en bienes raíces. Me contó acerca de dos amigos, Rubén y

Lalo, que estaban buscando invertir en bienes raíces. Rubén tenía un agudo entendimiento del mercado local de bienes raíces, mientras que Lalo apenas estaba comenzando y carecía del mismo nivel de conocimiento.

Rubén y Lalo se toparon con una posible propiedad de inversión en un barrio de rápido crecimiento. La propiedad tenía un gran potencial, pero necesitaba reparaciones significativas. Rubén, familiarizado con el mercado local, analizó rápidamente la situación y determinó que el costo de las reparaciones valdría la pena, dado el potencial de retorno de la inversión. Hizo una oferta por la propiedad y cerró el trato.

Por otro lado, Lalo dudó. No estaba seguro de si el crecimiento del barrio continuaría o si la propiedad sería una inversión sabia después de considerar los costos de reparación. Finalmente, Lalo decidió no hacer una oferta y perdió la oportunidad.

Con el tiempo, el barrio continuó floreciendo y los valores de las propiedades se dispararon. La inversión de Rubén resultó muy lucrativa, mientras que Lalo se quedó preguntándose qué podría haber sido. Carlos enfatizó que fue el entendimiento de Rubén del mercado local lo que le dio la confianza para aprovechar la oportunidad, mientras que la incertidumbre de Lalo lo detuvo.

Mientras escuchaba atentamente a Carlos, él continuó compartiendo consejos invaluables sobre cómo entender los mercados de bienes raíces. Explicó que es crucial estar al tanto de las dinámicas que impulsan los cambios en el mercado, como la oferta y la demanda, las tasas de interés y las políticas gubernamentales. Estos factores pueden tener un impacto significativo en los valores de las propiedades y las oportunidades de inversión.

Carlos también enfatizó la importancia de analizar varios indicadores del mercado, incluyendo los precios medianos de las viviendas, las tarifas de alquiler, las tasas de vacancia y los días en el mercado. Al monitorear estos indicadores, los inversores pueden obtener una comprensión completa de la salud del mercado de bienes raíces y tomar decisiones informadas.

Sugirió que me familiarizara con el concepto de "submercados" - áreas específicas dentro de una ciudad o región que pueden tener sus propias dinámicas de mercado únicas. Al comprender las particularidades de estos submercados, los inversores pueden evaluar con mayor precisión las oportunidades de inversión y tomar mejores decisiones.

Carlos compartió una historia personal de una vez en que notó una tendencia emergente en uno de los submercados de San Antonio. Observó que un número creciente de jóvenes profesionales se estaba mudando al área debido a una afluencia de nuevas oportunidades laborales. Reconociendo el potencial de crecimiento, Carlos aprovechó esta tendencia comprando varias propiedades de alquiler en el vecindario. A medida que más jóvenes profesionales se mudaron, la demanda de viviendas aumentó, lo que resultó en mayores tasas de alquiler y valores de las propiedades.

El agudo entendimiento de Carlos sobre el submercado le permitió mantenerse adelante de la competencia y obtener ganancias significativas de sus inversiones. Explicó que este era un ejemplo excelente del poder de entender los mercados de bienes raíces y ser proactivo en la identificación de oportunidades.

Durante nuestro paseo, Carlos también habló sobre el valor de construir una red de profesionales del sector, como agentes de bienes raíces, administradores de propiedades e inversores compañeros. Estas conexiones pueden proporcionar información y consejos invaluables sobre las tendencias del mercado local, ayudando a los inversores a mantenerse informados y tomar mejores decisiones.

Al concluir nuestro paseo por el Paseo del Río, no pude evitar sentirme agradecido por la sabiduría que Carlos había compartido conmigo. Quedó claro que entender los mercados de bienes raíces era uno de los secretos que no quieren que sepas, porque es así como se mantienen adelante de la competencia. Al desarrollar una comprensión profunda de las dinámicas del mercado y mantenerse informado sobre las tendencias locales, los nuevos inversores en bienes raíces pueden tener más éxito que aquellos que no conocen este crucial secreto.

Al despedirnos, agradecí a Carlos por sus valiosos consejos y prometí ponerlos en práctica.

Entonces, mientras continúas explorando los secretos que no quieren que sepas en este libro, recuerda que una comprensión profunda de los mercados de bienes raíces es una herramienta poderosa en tu arsenal. Abraza el conocimiento, mantente informado y úsalo a tu favor mientras construyes un negocio próspero y exitoso en la inversión en bienes raíces.

Capítulo 4

El Arte de la Caza

En mis primeros días de inversión en bienes raíces, pasé innumerables horas estudiando diversas estrategias y aprendiendo de ellas. Un día, mientras estaba sentado en mi oficina, recibí una llamada de un viejo amigo, José. Era un experimentado inversor en bienes raíces que tenía una habilidad increíble para encontrar buenos negocios. Admiraba su tenacidad y su talento para descubrir joyas ocultas. Mientras hablábamos, José mencionó algo que me impactó. Dijo, "Alberto, la inversión en bienes raíces es como ir a cazar. El premio es la propiedad perfecta".

Al principio, su analogía me desconcertó. Sin embargo, a medida que empecé a reflexionar sobre mis experiencias, me di cuenta de que tenía razón. Buscar la propiedad ideal es un arte en sí mismo. Requiere paciencia, persistencia y un agudo ojo para el detalle. El arte de la caza es uno de los primeros secretos de bienes raíces que no quieren que sepas. En este capítulo, compartiré mis historias personales e ideas para ayudarte a convertirte en un maestro cazador en el mundo de los bienes raíces.

Cuando comencé mi viaje en el sector de los bienes raíces, solía pasar horas conduciendo por barrios, buscando propiedades que parecieran infravaloradas o que tuvieran potencial. Tomaba notas, investigaba las propiedades y trataba de encontrar las mejores ofertas. Un día, mientras conducía por un barrio familiar, divisé una pequeña casa en mal estado. El exterior estaba en mal estado y el jardín descuidado indicaba que había sido descuidada durante algún tiempo. Vi potencial en esta propiedad y decidí investigar más a fondo.

Después de realizar mi investigación, descubrí que la propiedad pertenecía a una anciana que había fallecido recientemente. Sus hijos, que vivían fuera del estado, estaban ansiosos por vender la casa y terminar con ella. Tenían poco interés en hacer reparaciones y simplemente querían obtener efectivo lo más rápido posible. Aproveché la oportunidad y negocié un precio muy por debajo del valor de mercado. Después de algunas renovaciones menores, pude vender la propiedad obteniendo una buena ganancia. Esta experiencia me enseñó el valor de la paciencia y la persistencia en la caza de la propiedad perfecta.

A medida que continuaba mi viaje en bienes raíces, me encontré con una oportunidad única que realmente puso a prueba mis habilidades de caza. Había oído rumores en la comunidad de inversores sobre una gran propiedad comercial que había estado vacía durante algún tiempo. El dueño anterior había quebrado, y el banco estaba ansioso por vender la propiedad. Intrigado, decidí investigar más a fondo.

La propiedad era un complejo de apartamentos de 20 unidades, ubicado en las afueras de la ciudad. Había sido construido en la década de 1970 y necesitaba desesperadamente una renovación. El vecindario alrededor del complejo había visto días mejores, pero había signos de revitalización y crecimiento. Reconocí el potencial de una inversión significativa de valor agregado y decidí seguir un negocio mayorista comercial.

A medida que perfeccionaba mis habilidades de caza, comencé a darme cuenta de que a veces las mejores ofertas no se encuentran a través de los canales tradicionales. Comencé a asistir a reuniones de inversores en bienes raíces locales y a hacer contactos con otros inversores. Esto me abrió los ojos al mundo de las ofertas fuera de mercado y los vendedores motivados. Un día, en una reunión, conocí a un inversor que estaba en apuros financieros y necesitaba vender una de sus propiedades rápidamente. Pude negociar un trato favorable para ambos, y añadí otra propiedad a mi creciente cartera.

El arte de la caza es una habilidad que lleva tiempo y experiencia desarrollar. Cultivando paciencia, persistencia y un agudo ojo para el detalle, puedes convertirte en un maestro cazador en el mundo de los bienes raíces. Recuerda que las mejores ofertas a menudo se encuentran donde otros no están buscando. Haz contactos con otros inversores, asiste a reuniones locales y siempre mantente en la búsqueda de oportunidades. La propiedad perfecta está ahí fuera, esperando a que la descubras.

A medida que continúes en tu viaje de inversión en bienes raíces, no olvides las lecciones aprendidas de José y las diversas historias compartidas en este capítulo. Acepta el arte de la caza y recuerda que el verdadero premio no es solo la propiedad perfecta, sino el crecimiento, el conocimiento y la libertad financiera que vienen con cada inversión exitosa. Sigue adelante, mantén la curiosidad y nunca dejes de cazar tu próxima gran oportunidad.

Capítulo 5

Financiamiento de tus Inversiones en Bienes Raíces

A medida que avanzaba en mi viaje de inversión en bienes raíces, comencé a darme cuenta de que encontrar la propiedad perfecta era solo la mitad de la batalla. La otra mitad era averiguar cómo financiar la inversión. Después de todo, sin los fondos necesarios, incluso las mejores ofertas permanecerían inalcanzables. Rápidamente descubrí que financiar tus inversiones en bienes raíces es uno de los secretos que no quieren que sepas. En este capítulo, revelaré varias estrategias de financiamiento y compartiré mis experiencias personales, incluyendo la historia de cómo conocí a Eduardo, un prestamista de dinero duro que cambió la forma en que abordaba el financiamiento.

Uno de los primeros métodos de financiamiento que exploré fue el financiamiento del vendedor. Esto es cuando el propietario de la propiedad acepta financiar la compra de su propiedad, actuando esencialmente como el banco. Esto puede ser una situación en la que ambos, el comprador y el vendedor, ganan. El comprador tiene acceso a financiamiento sin tener que pasar por un prestamista tradicional, mientras que el vendedor puede ser capaz de vender su propiedad más rápidamente y potencialmente recibir una tasa de interés más alta de la que obtendrían invirtiendo el dinero en otro lugar.

Nunca olvidaré mi primera experiencia con el financiamiento del vendedor. Había encontrado un pequeño dúplex que era propiedad de una pareja jubilada que buscaba vender y reducir su tamaño. Tenían problemas para vender la propiedad debido a su estado anticuado, y los bancos locales dudaban en prestar dinero para ella. Detectando una oportunidad, me acerqué a la pareja con una propuesta de financiamiento del vendedor. Para mi deleite, estuvieron de acuerdo, y pude comprar la propiedad con un pago inicial bajo y una tasa de interés razonable. Después de hacer algunas renovaciones, pude aumentar las rentas y generar un flujo de efectivo positivo.

El financiamiento del propietario es otro método creativo de financiamiento. Es similar al financiamiento del vendedor, pero generalmente implica que el propietario retenga una segunda hipoteca en la propiedad, lo que permite al comprador obtener una primera hipoteca tradicional de un banco. Esto puede proporcionar al comprador un mayor apalancamiento y reducir la cantidad de efectivo necesaria para el pago inicial.

Me encontré por primera vez con el financiamiento del propietario al comprar un pequeño tríplex. El dueño estaba ansioso por vender, pero entendía que la condición de la propiedad podría dificultar que un comprador obtuviera un préstamo bancario tradicional. Aceptó mantener una segunda hipoteca en la propiedad, lo que me permitió obtener un préstamo de un banco local para el resto del precio de compra. Esto me permitió adquirir la propiedad con un mínimo desembolso de efectivo, y después de hacer algunas mejoras, pude refinanciar la propiedad y pagar la segunda hipoteca del propietario.

A medida que mi cartera de bienes raíces crecía, comencé a explorar opciones de financiamiento alternativas, lo que me llevó a conocer a Eduardo, un prestamista de dinero duro. Los prestamistas de dinero duro son individuos privados o empresas que prestan dinero en base al valor de la propiedad en lugar de la solvencia del prestatario. Por lo general, cobran tasas de interés y comisiones más altas que los bancos tradicionales, pero a menudo pueden proporcionar fondos más rápidamente y con criterios de suscripción menos estrictos.

Eduardo y yo nos conocimos en un seminario local de inversión en bienes raíces. Iniciamos una conversación y me habló de su negocio de préstamos de dinero duro. Intrigado, decidí probarlo cuando encontré una oportunidad de compra y venta rápida que requería un cierre rápido. Gracias al financiamiento rápido y flexible de Eduardo, pude asegurar la propiedad, realizar las renovaciones necesarias y venderla con ganancias. Esta experiencia me abrió los ojos al poder de los préstamos de dinero duro y la importancia de tener múltiples opciones de financiamiento a mi disposición.

Financiar tus inversiones en bienes raíces es un aspecto crítico para construir una cartera exitosa. Al comprender y utilizar varios métodos de financiamiento, como el financiamiento del vendedor, el financiamiento del propietario y los préstamos de dinero duro, puedes desbloquear oportunidades que de otro modo podrían haber sido inalcanzables. Las historias y experiencias compartidas en este capítulo sirven como un recordatorio de la importancia de ser creativo, ingenioso y de mente abierta cuando se trata de financiar tus inversiones en bienes raíces. Recuerda, cuantas más opciones de financiamiento tengas, más flexibilidad tendrás para perseguir la propiedad perfecta.

A medida que continúas tu viaje en la inversión en bienes raíces, mantén una mente abierta y estar dispuesto a explorar diversas estrategias de financiamiento. Haz contactos con otros inversores, asiste a reuniones locales y construye relaciones con prestamistas, tanto tradicionales como no tradicionales. El conocimiento es poder, y entender las diferentes formas de financiar tus inversiones es un secreto que no quieren que sepas.

Al dominar el arte del financiamiento, estarás mejor equipado para aprovechar las oportunidades y construir una cartera de bienes raíces exitosa que genere riqueza y libertad financiera. Mantente enfocado, persistente y nunca dejes de aprender.

Capítulo 6

Construyendo un Equipo Ganador

A medida que continuaba creciendo y expandiendo mi cartera de inversiones en bienes raíces, me di cuenta rápidamente de que no podía hacerlo todo solo. El éxito en la inversión en bienes raíces requiere más que solo conocimientos y trabajo duro; requiere de un equipo de individuos con mentalidad similar que comparten la misma visión y metas. Construir un equipo ganador es un secreto de bienes raíces que no quieren que sepas. En este capítulo, compartiré mis experiencias personales en la formación de mi equipo de poder.

La importancia de tener un equipo de poder no puede ser exagerada. Este grupo de profesionales consta de prestamistas, agentes de bienes raíces, compañías de títulos, mayoristas, contratistas y más. Cada miembro desempeña un papel crítico en el éxito de tus inversiones en bienes raíces. Proporcionan la experiencia, el apoyo y los recursos necesarios para maximizar tus ganancias y minimizar tus riesgos.

Me di cuenta por primera vez del valor de un equipo de poder cuando asistí a un seminario local de inversión en bienes raíces. El orador enfatizó la importancia de rodearte de individuos que complementen tus fortalezas y ayuden a superar las tareas necesarias de comprar, renovar y administrar propiedades. Este concepto resonó conmigo y de inmediato comencé a buscar miembros del equipo que pudieran ayudarme a alcanzar mis metas de inversión en bienes raíces.

Una de las mejores formas de encontrar posibles miembros del equipo es asistir a reuniones y seminarios de bienes raíces. Estos eventos brindan una excelente oportunidad para establecer contactos con otros inversores y profesionales de la industria. Fue en uno de estos eventos que conocí a Kyle, un compañero inversor en bienes raíces que se convertiría en un miembro valioso de mi equipo.

Kyle y yo nos llevamos bien de inmediato. Compartimos una visión similar para nuestras carreras de inversión en bienes raíces y reconocimos que podríamos ayudarnos mutuamente a crecer y tener éxito. Kyle tenía experiencia en construcción y era experto en estimar costos de reparación y administrar proyectos de renovación. Sus habilidades complementaban las mías, y rápidamente formamos una asociación que nos permitió aprovechar nuestras fortalezas individuales para beneficio de nuestras inversiones.

A medida que nuestra asociación florecía, continuamos construyendo nuestro equipo de poder. Encontramos un agente de bienes raíces confiable y conocedor que entendía el mercado local y podía ayudarnos a encontrar propiedades infravaloradas. También nos conectamos con una compañía de títulos de reputación que aseguraba cierres suaves y eficientes. Además, desarrollamos relaciones con mayoristas que podían traernos ofertas fuera del mercado, brindándonos una ventaja sobre otros inversores.

Uno de nuestros miembros de equipo más críticos fue nuestro contratista. Un buen contratista vale su peso en oro, ya que puede hacer o deshacer un proyecto de renovación. Después de entrevistar a varios candidatos, finalmente encontramos un contratista que compartía nuestra visión y compromiso con el trabajo de calidad. Con nuestro equipo en su lugar, pudimos abordar proyectos más grandes y escalar nuestro negocio de inversión en bienes raíces.

Construir un equipo ganador es un componente crucial para el éxito en la inversión en bienes raíces. Al rodearte de individuos que comparten tu visión y poseen las habilidades y la experiencia necesarias para hacer realidad esa visión, puedes lograr un éxito mayor al que jamás imaginaste. La historia de mi asociación con Kyle y la formación de nuestro equipo de poder sirve como testimonio de la importancia de la colaboración y el trabajo en equipo en el mundo de la inversión en bienes raíces.

A medida que continúas en tu viaje, recuerda enfocarte en construir relaciones y nutrir a tu equipo de poder. Asiste a eventos locales, establece contactos con otros inversores y siempre está atento a posibles miembros del equipo que puedan ayudarte a alcanzar tus metas. Con un equipo ganador a tu lado, no hay límites para lo que puedes lograr en el mundo de la inversión en bienes raíces.

Construir un equipo ganador es un componente crítico para el éxito en la inversión en bienes raíces.

Recuerda, juntos, tú y tu equipo pueden lograr mucho más de lo que cualquier persona podría lograr sola.

Capítulo 7

El Arte de la Negociación

A medida que me adentraba más en el mundo de la inversión de bienes raíces, comprendí que dominar el arte de la negociación es una habilidad esencial para el éxito. Saber cómo negociar efectivamente puede marcar la diferencia entre un trato mediocre y uno altamente rentable. El arte de la negociación en bienes raíces es un secreto que no quieren que sepas, y en este capítulo, compartiré cómo esta invaluable habilidad me ha beneficiado, así como la historia de cómo conocí a mi primer mentor, en San Antonio.

En las primeras etapas de mi viaje de inversión de bienes raíces, rápidamente me di cuenta de que las negociaciones eran un aspecto crítico de cada transacción. Ya fuera que estuviera negociando el precio de compra, los costos de reparación o los términos del alquiler, mi habilidad para llegar a un acuerdo mutuamente beneficioso impactaba directamente en mis ganancias. Fue entonces cuando decidí comprometerme a dominar el arte de la negociación.

Había estado buscando activamente un mentor para ayudarme a crecer como inversor, y el destino pareció intervenir cuando asistí a una conferencia de bienes raíces en San Antonio. Fue aquí donde conocí a Armando, un inversor de bienes raíces experimentado que se convertiría en mi primer mentor. Armando estaba dando una presentación sobre estrategias de negociación en la conferencia, y quedé cautivado por su conocimiento y experiencia. Después del evento, me acerqué a él para expresar mi gratitud por sus ideas. Para mi sorpresa, Armando se ofreció a ser mi mentor y ayudarme a perfeccionar mis habilidades de negociación.

Armando me enseñó varias lecciones invaluables sobre negociación. Enfatizó la importancia de hacer una investigación exhaustiva y entender el mercado, así como la propiedad específica y las circunstancias del vendedor. Esta información serviría como base para mis negociaciones, permitiéndome presentar argumentos y contraofertas bien fundamentados. Armando también resaltó la necesidad de ser flexible y adaptable, ya que cada negociación es única y puede requerir diferentes enfoques y tácticas.

Con el tiempo, Armando y yo desarrollamos una sólida relación de mentor-aprendiz, y él continuó compartiendo su sabiduría e ideas conmigo. Me mostró cómo construir una buena relación con los vendedores y otras partes involucradas en la transacción, enfatizando la importancia de establecer confianza y credibilidad. Armando también me enseñó el valor de saber cuándo retirarse de un trato, reconociendo que no todas las negociaciones conducirían a un resultado favorable.

A medida que implementaba las enseñanzas de Armando, comencé a ver mejoras significativas en los resultados de mis negociaciones. Descubrí que podía conseguir mejores tratos, reducir mis gastos y aumentar mis ganancias. El arte de la negociación se había convertido en una herramienta poderosa en mi caja de herramientas de inversión de bienes raíces.

Dominar el arte de la negociación es una habilidad crucial para cualquier inversor de bienes raíces. Al entender las necesidades y motivaciones de la otra parte, realizar una investigación exhaustiva y emplear tácticas efectivas como el anclaje, puedes mejorar enormemente tu capacidad para negociar acuerdos favorables. La historia de mi mentoría con Armando en San Antonio sirve como un testimonio del poder transformador de perfeccionar tus habilidades de negociación.

A medida que continúas tu viaje en la inversión de bienes raíces, recuerda invertir tiempo y esfuerzo en desarrollar tus habilidades de negociación. Busca orientación de inversores experimentados como Armando, asiste a talleres y practica tus habilidades en cada oportunidad. Con persistencia y dedicación, puedes dominar el arte de la negociación y desbloquear un mundo de posibilidades en tu carrera de inversión de bienes raíces.

Recuerda, las negociaciones exitosas no son sobre ganar o perder; se tratan de encontrar soluciones que beneficien a ambas partes y crear relaciones duraderas y rentables en el mundo de la inversión de bienes raíces. Con estas valiosas habilidades de negociación bajo tu cinturón, estarás bien encaminado para asegurar grandes tratos y crecer tu cartera de inversiones. Recuerda, cada negociación exitosa te acerca un paso más a alcanzar tus metas y sueños en la inversión de bienes raíces.

Capítulo 8

Administración de Propiedades

U n día, mientras terminaba una intensa rutina de ejercicios en el gimnasio, escuché una conversación entre dos propietarios con cara de preocupación. Estaban expresando sus frustraciones acerca de los desafíos que enfrentaban al administrar sus propiedades de alquiler, desde perseguir los pagos de renta hasta lidiar con constantes problemas de mantenimiento. Su conversación fue un fuerte recordatorio de la importancia de una administración de propiedades efectiva en el mundo de la inversión en bienes raíces.

Afortunadamente, al inicio de mi trayectoria en la inversión en bienes raíces, tuve la oportunidad de aprender los secretos de una administración de propiedades exitosa de mi amigo y compañero inversor, Adonai. Adonai había construido un impresionante portafolio de propiedades de alquiler y tenía un sistema implementado para garantizar un funcionamiento sin problemas. Me compartió que uno de los secretos de bienes raíces que "ellos" no quieren que sepas es que una administración de propiedades efectiva es la clave para no tener que preocuparte por cobrar el alquiler a los inquilinos o lidiar con problemas continuos.

Adonai había desarrollado varias estrategias para administrar sus propiedades eficientemente. Uno de los factores más significativos en su éxito fue su enfoque en la construcción de un equipo sólido. Tenía un administrador de propiedades dedicado supervisando cada una de sus propiedades, responsable de atender las solicitudes de mantenimiento, manejar las comunicaciones con los inquilinos y gestionar la recaudación de la renta. Al delegar estas tareas a profesionales experimentados, Adonai podía concentrarse en expandir su portafolio y encontrar nuevas oportunidades de inversión.

Otro aspecto importante de la estrategia de administración de propiedades de Adonai era el mantenimiento preventivo. Se aseguraba de que sus administradores de propiedades realizaran inspecciones regulares para identificar posibles problemas antes de que se convirtieran en reparaciones costosas. Al invertir en mantenimiento rutinario, Adonai podía mantener sus propiedades en excelente estado, atraer y retener inquilinos de alta calidad, y evitar emergencias costosas.

Adonai también enfatizó la importancia de una excelente comunicación con sus inquilinos. Hizo una prioridad mantener una línea abierta de comunicación con sus inquilinos, atendiendo rápidamente cualquier inquietud que plantearan y proporcionando actualizaciones regulares sobre mantenimiento u otros problemas relacionados con la propiedad. Al fomentar relaciones positivas con sus inquilinos, Adonai pudo minimizar conflictos y mantener baja la rotación de inquilinos.

Una de las lecciones más valiosas que Adonai me enseñó fue la importancia de mantenerse organizado y llevar registros detallados. Mantener la documentación de todos los pagos de alquiler, gastos y solicitudes de mantenimiento puede ahorrarte muchos dolores de cabeza y protegerte en caso de disputas o problemas legales. Adonai usaba un software de administración de propiedades que le ayudaba a mantener un seguimiento de todas sus propiedades y a mantenerse organizado.

Además, Adonai enfatizó la importancia de comprender las leyes y regulaciones locales de arrendador-inquilino. Estar bien versado en estas normas le permitió navegar cualquier problema legal que surgiera y proteger sus intereses como propietario. Al mantenerse informado y cumplir con las regulaciones locales, Adonai minimizó su exposición a posibles demandas y costosas multas.

Los secretos de administración de propiedades que aprendí de Adonai tuvieron un profundo impacto en mi trayectoria de inversión en bienes raíces. Al implementar sus estrategias, pude administrar mis propiedades de manera efectiva, evitar los dolores de cabeza que enfrentaban los propietarios en el gimnasio y, finalmente, construir un portafolio de alquiler más rentable y sostenible.

La administración efectiva de propiedades es un aspecto crítico para el éxito en la inversión en bienes raíces. Al desarrollar sistemas y procesos, evaluar a los inquilinos de manera exhaustiva, construir relaciones con contratistas confiables, comunicarse con tus inquilinos y mantenerse informado sobre las leyes y regulaciones, descubrirás los secretos básicos de la inversión en bienes raíces que "ellos" no quieren que sepas. Con el enfoque correcto para la administración de propiedades, estarás bien encaminado para construir un negocio de inversión en bienes raíces próspero y rentable.

Capítulo 9

Inversión de Compra y Mantenimiento

Durante una conversación casual con un amigo exitoso en el negocio de bienes raíces, fui introducido al concepto de inversión de compra y mantenimiento. Como un inversor joven y ambicioso, estaba ansioso por aprender y entender las estrategias que podrían ayudarme a aumentar mi riqueza.

En este capítulo, compartiré contigo los pasos que he aprendido sobre la inversión de compra y mantenimiento, así como los secretos que "ellos" no quieren que conozcas.

Paso uno: Enfócate en el Flujo de Efectivo. Uno de los principales objetivos de la inversión de compra y mantenimiento es generar un flujo de efectivo positivo de tus propiedades. Esto significa asegurarse de que los ingresos por alquiler que recibes sean mayores que los gastos asociados a la propiedad y su administración.

En mis primeros días como inversor en bienes raíces, me aseguré de centrarme en propiedades con un fuerte potencial de flujo de efectivo. Al hacerlo, pude crear un flujo de ingresos constante y confiable que me ayudaría a acumular riqueza con el tiempo.

Paso dos: El Poder del Apalancamiento. La inversión de compra y mantenimiento también te permite aprovechar el apalancamiento. Al usar el dinero de otras personas (en forma de préstamos bancarios o financiamiento privado) para comprar propiedades, puedes controlar una porción más significativa del mercado con menos de tu propio capital.

Cuando comencé mi viaje de compra y mantenimiento, rápidamente me di cuenta del poder del apalancamiento para amplificar mis rendimientos de inversión. Al utilizar préstamos y gestionar cuidadosamente mi deuda, pude hacer crecer rápidamente mi cartera de bienes raíces.

Paso tres: Apreciación y Crecimiento del Patrimonio. Además del flujo de efectivo y el apalancamiento, la inversión de compra y mantenimiento te permite beneficiarte de la apreciación de la propiedad y el crecimiento del patrimonio. A medida que los valores de las propiedades aumentan con el tiempo, también lo hace el patrimonio en tus propiedades de inversión.

Al centrarme en propiedades bien ubicadas con un fuerte potencial de crecimiento, pude beneficiarme de la apreciación y el crecimiento del patrimonio, aumentando aún más mi patrimonio neto y proporcionando oportunidades adicionales para futuras inversiones.

Paso cuatro: Ventajas Fiscales. La inversión en bienes raíces, particularmente las estrategias de compra y mantenimiento, ofrece numerosas ventajas fiscales. Estas pueden incluir deducciones por intereses de hipoteca, impuestos sobre la propiedad y depreciación, así como la capacidad de diferir los impuestos sobre las ganancias de capital a través de un intercambio 1031.

A medida que me volvía más experimentado en la inversión de compra y mantenimiento, me informé sobre los diversos beneficios fiscales disponibles y trabajé con un contador conocedor para maximizar mis ahorros fiscales.

Paso cinco: Paciencia y Pensamiento a Largo Plazo. Finalmente, una de las lecciones más importantes que he aprendido en la inversión de compra y mantenimiento es el valor de la paciencia y el pensamiento a largo plazo. La inversión en bienes raíces no es un esquema para hacerte rico rápidamente; requiere tiempo, dedicación y un compromiso para construir riqueza a largo plazo.

A medida que continuaba aumentando mi cartera de bienes raíces, me centré en tomar decisiones inteligentes y bien investigadas y en mantener mis propiedades a largo plazo, lo que me permitió beneficiarme de los rendimientos compuestos y el poder de construcción de riqueza del sector de bienes raíces.

La inversión de compra y mantenimiento es una estrategia poderosa para construir riqueza a través del sector de bienes raíces. Al centrarte en el flujo de efectivo, aprovechar el dinero de otras personas, beneficiarte de la apreciación y el crecimiento del patrimonio, maximizar las ventajas fiscales y adoptar una mentalidad a largo plazo, descubrirás los secretos básicos del sector de bienes raíces que "ellos" no quieren que conozcas.

Con persistencia y dedicación a estos principios, puedes construir un negocio de inversión en bienes raíces exitoso y sostenible.

Capítulo 10

Volteo de Propiedades

Cuando comencé mi viaje como inversor en bienes raíces, tenía recursos limitados y necesitaba una estrategia que requiriera poco o ningún dinero para empezar. El volteo de casas fue la respuesta. Voltear propiedades es una táctica donde un inversor compra una propiedad, generalmente en necesidad de reparación, hace mejoras y luego la vende por un beneficio. Este método me permitió construir capital rápidamente, lo que luego me permitió reinvertir en otras inversiones en bienes raíces.

Mi primer volteo fue una pequeña casa en mal estado en el lado norte de San Antonio. Sabía que con algo de trabajo, esta casa podría convertirse en un hermoso hogar para una familia. También sabía que el vecindario estaba en demanda, lo que significaba que había potencial de beneficio. Esta fue una oportunidad perfecta para mí para aplicar las técnicas de volteo que había aprendido y crear algo valioso.

Antes de saltar al proyecto, tenía que asegurarme de que entendía completamente los números involucrados en el trato. Esto significaba analizar comparables (comps) y calcular el Valor Después de la Reparación (VDR). Los comparables son propiedades recientemente vendidas en el área que son similares a la propiedad en cuestión, y ayudan a establecer un precio de venta realista para el volteo. El VDR es una estimación de lo que valdrá la propiedad una vez que se completen las renovaciones, y es crucial para determinar tu beneficio potencial.

Para tener éxito en el volteo de propiedades, es esencial dominar varias técnicas clave:

Conoce tu mercado: Entender el mercado de bienes raíces local es fundamental para tu éxito como volteador. Investiga los vecindarios, la demografía y las tendencias de vivienda. Esto te ayudará a determinar qué propiedades tienen más potencial de beneficio.

Analiza comps y calcula el VDR: Usa los comps para determinar un precio de venta realista para tu volteo. Calcula el VDR estimando el costo de las reparaciones y mejoras y añadiéndolo al precio de compra de la propiedad. Asegúrate de que los números funcionen a tu favor antes de comprometerte con un volteo.

Construye un equipo de construcción confiable: Tener un equipo confiable de contratistas y subcontratistas es crucial para completar las renovaciones a tiempo y dentro del presupuesto. Tómate el tiempo para encontrar y verificar a profesionales que puedan entregar un trabajo de calidad y tengan un historial probado.

Cultiva relaciones con agentes de bienes raíces y empresas de títulos: Tener una sólida red de profesionales en tu esquina puede marcar la diferencia en tu negocio de volteo. Pueden ayudarte a encontrar tratos, navegar por el proceso de compra y venta, y asegurarse de que todo salga bien.

Domina el arte de encontrar tratos: Aprende cómo detectar propiedades infravaloradas con potencial de beneficio. Esto puede implicar investigar ejecuciones hipotecarias, asistir a subastas o utilizar recursos en línea para encontrar propiedades que necesiten reparación.

Presupuesta sabiamente y mantente en tus números: Antes de comenzar cualquier proyecto de renovación, crea un presupuesto detallado y mantente en él. Esto te ayudará a evitar gastar de más y a asegurarte de obtener un beneficio en tu inversión.

El tiempo es dinero: Cuanto más tiempo una propiedad permanece en el mercado, más te cuesta en costos de mantenimiento. Asegúrate de que las renovaciones se completen de manera rápida y eficiente, y de que el precio de la propiedad sea correcto para vender rápidamente.

Con estas técnicas en mente, abordé mi primer volteo en San Antonio. Reuní a un equipo de profesionales, incluyendo un contratista general, un jefe de proyecto y varios subcontratistas. Juntos, ideamos un plan para transformar la casa en un hogar hermoso y moderno.

Una vez completadas las renovaciones, era hora de poner la casa en el mercado. La clave para un volteo exitoso es poner el precio correcto. Sobrepreciar la propiedad puede hacer que permanezca en el mercado durante demasiado tiempo, mientras que poner un precio demasiado bajo puede resultar en un margen de beneficio más pequeño. Con la ayuda de un agente de bienes raíces, puse el precio de la casa justo y se vendió rápidamente con una buena ganancia.

El volteo de propiedades fue una estrategia invaluable para mí al principio de mi viaje en bienes raíces. Me permitió generar ganancias rápidas, aprender los entresijos del mercado de bienes raíces y crear una sólida red de profesionales. Voltear casas me enseñó valiosas lecciones sobre la gestión de proyectos, la presupuestación y la negociación, las cuales he llevado conmigo a lo largo de mi carrera.

A medida que continué volteando propiedades, afiné mis habilidades y desarrollé un ojo para identificar propiedades con gran potencial.

El volteo de propiedades es uno de los secretos de bienes raíces que "ellos" no quieren que sepas. Es una estrategia que, cuando se ejecuta correctamente, puede llevar a ganancias sustanciales y sentar las bases para una exitosa carrera de inversión en bienes raíces. Al embarcarte en tu propio viaje de volteo, recuerda las técnicas que he compartido y nunca subestimes el poder de la determinación y el trabajo duro. Con la mentalidad, el conocimiento y la red correctos, tú también puedes transformar propiedades y crear un próspero imperio de bienes raíces.

Capítulo 11

La Mentalidad del Inversor Rico

Todavía recuerdo esa calurosa tarde de verano en nuestro pequeño pueblo de Texas, cuando mi amigo Robert y yo, apenas niños en ese entonces, nos sentamos bajo la sombra de un gran roble en mi patio trasero. Estábamos en nuestra adolescencia temprana y acabábamos de empezar a soñar en grande. Con nuestras cabezas llenas de aspiraciones, teníamos todo el mundo por delante.

Mientras comíamos palomitas saladas y bebíamos sodas heladas, hablábamos de nuestro futuro y lo que queríamos lograr en la vida. Ambos soñábamos con convertirnos en exitosos empresarios y, incluso a esa temprana edad, nos atraía la idea de invertir en bienes raíces. Poco sabíamos que la mentalidad del inversor rico que desarrollaríamos más tarde sería uno de los secretos de bienes raíces que ellos no quieren que sepas.

En lugar de seguir el camino convencional de ir a la universidad, Robert y yo decidimos sumergirnos de lleno en el mundo de los bienes raíces. Creíamos que nuestra pasión y determinación serían suficientes para impulsar nuestro éxito. Estábamos ansiosos por aprender de nuestras experiencias y sabíamos que cultivar una mentalidad de inversor rico sería la clave para desbloquear nuestro potencial completo.

Nuestros primeros años en bienes raíces estuvieron llenos de desafíos y valiosas lecciones. Pasamos incontables horas estudiando el mercado, asistiendo a seminarios y buscando la mentoría de inversores experimentados. A medida que crecían nuestros conocimientos y experiencia, comenzamos a entender la importancia de adoptar una mentalidad de inversor rico.

Un día, mientras estábamos en una cafetería recordando nuestro viaje, recordamos aquel recuerdo infantil bajo el roble. Nos dimos cuenta de que incluso entonces, teníamos las semillas de una mentalidad de inversor rico dentro de nosotros. Siempre fuimos curiosos, ansiosos por aprender, y teníamos una determinación inquebrantable de tener éxito.

A lo largo de los años, alimentamos esas semillas y nuestra mentalidad comenzó a tomar forma. Entendimos que tener una mentalidad de inversor rico significaba más que solo conocer los entresijos del mercado de bienes raíces. Significaba desarrollar una mentalidad resiliente, ser capaces de adaptarse al cambio y tener el coraje de tomar riesgos calculados.

A medida que avanzaban nuestras carreras, descubrimos que la mentalidad del inversor rico era de hecho uno de los secretos de bienes raíces que ellos no quieren que sepas. Aquellos que poseen esta mentalidad están mejor equipados para detectar oportunidades, tomar decisiones de inversión más inteligentes y, en última instancia, lograr un mayor éxito.

Hoy, Robert y yo somos inversores exitosos en bienes raíces, pero nunca olvidamos las lecciones de nuestro pasado. Seguimos cultivando nuestra mentalidad de inversor rico al mantenernos curiosos, aprender de nuestras experiencias y rodearnos de personas con mentalidad similar que comparten nuestra pasión por el éxito.

También entendemos la importancia de devolver y pasar el conocimiento que hemos adquirido a lo largo de nuestro viaje. Mentoreamos a inversores aspirantes y compartimos nuestras ideas, con la esperanza de inspirar a otros a desarrollar su propia mentalidad de inversor rico y desbloquear los secretos del éxito en bienes raíces.

Esa calurosa tarde de verano bajo el roble puede ser un recuerdo lejano, pero las semillas de nuestra mentalidad de inversor rico continúan creciendo y floreciendo. Es una mentalidad que nos ha servido bien en nuestro camino hacia el éxito y a la que estamos comprometidos a nutrir por el resto de nuestras vidas. Al compartir nuestra historia, esperamos animar a otros a adoptar los secretos de bienes raíces que ellos no quieren que sepas, perseguir sus sueños y lograr el éxito que desean. Y mientras continuamos en este camino, nos recuerdan la importancia del aprendizaje y crecimiento personal a lo largo de la vida, reforzando la idea de que la mentalidad del inversor rico es verdaderamente una de las herramientas más poderosas en el mundo de los bienes raíces.

Pero quizás lo más importante es nunca dejar de aprender y crecer. La inversión en bienes raíces es un campo en constante evolución, y los inversores más exitosos son aquellos que están dispuestos a adaptarse y cambiar con los tiempos.

Recuerda adoptar la mentalidad del inversor rico. Está dispuesto a tomar riesgos, ser paciente, pensar fuera de la caja y centrarse en crear valor. Con la mentalidad adecuada, cualquier cosa es posible en el mundo de la inversión en bienes raíces.

Capítulo 12

Aprendiendo el Idioma

Era un sábado temprano cuando me encontré sentado en la última fila de un seminario de bienes raíces, tomando notas con entusiasmo mientras el orador compartía apasionadamente su conocimiento sobre la industria. En ese momento, me di cuenta de que para tener éxito en bienes raíces, necesitaba dominar el idioma de la industria. Al igual que aprender cualquier idioma nuevo, esto requería dedicación, práctica y perseverancia.

Crecer en un hogar hispano no era algo desconocido para mí cuando se trataba de aprender un nuevo idioma. Mi familia hablaba español en casa y desde una edad temprana tuve que aprender inglés en la escuela. Recuerdo las innumerables horas dedicadas a practicar, los desafíos que enfrenté y la sensación de logro cuando finalmente pude comunicarme con facilidad. Esta experiencia temprana con el aprendizaje de idiomas se convertiría más tarde en una lección invaluable cuando me adentré en el mundo de los bienes raíces.

Cuando comencé mi camino en la inversión en bienes raíces, rápidamente me di cuenta de que aprender el idioma era un secreto que no querían que supieras. La industria estaba llena de jerga, siglas y términos complejos que eran difíciles de entender sin una base sólida. Esto no era por accidente; era una barrera de entrada, una forma de mantener a los recién llegados alejados.

Estaba decidido a no dejar que este obstáculo me apartara de mi camino hacia el éxito. Me embarqué en una búsqueda para aprender el idioma de los bienes raíces, al igual que había aprendido inglés años antes. Comencé con lo básico, familiarizándome con términos como "amortización", "tasa de capitalización", "flujo de efectivo" y "patrimonio". Estudié incansablemente, devorando todos los libros, artículos y podcasts que pude encontrar sobre el tema.

Fue durante este período que conocí a mi primer mentor, un experimentado inversionista de bienes raíces de San Antonio que me acogió. Él vio mi dedicación para aprender el idioma y reconoció mi potencial para tener éxito en la industria. Con su orientación, comencé a sumergirme en el mundo de los bienes raíces, asistiendo a reuniones, eventos de networking y seminarios.

En esos entornos, estaba rodeado de profesionales de la industria, escuchando sus conversaciones y captando los matices de su lenguaje. Empecé a reconocer la importancia de entender el idioma, no solo para comprender conceptos complejos, sino también para interactuar con otros en el campo.

A medida que seguí aprendiendo el idioma, empecé a ver patrones y conexiones que antes me estaban ocultos. Los términos que antes parecían intimidantes comenzaron a tener sentido y pude ver cómo encajaban como piezas de un rompecabezas. Estaba ganando la confianza para participar en conversaciones, hacer preguntas e incluso contribuir con mis propios pensamientos e ideas.

Con el tiempo, me convertí en un hablante fluido del lenguaje de los bienes raíces, una fluidez que resultó crucial para mi éxito como inversionista. Me permitió comprender las complejidades de las transacciones, analizar propiedades y negociar con confianza. Ya no era un espectador desde afuera; era un participante activo en el mundo de los bienes raíces.

Aprender el idioma de los bienes raíces fue uno de los pasos más significativos que di para alcanzar mis metas en la industria. Abrió puertas a oportunidades y conexiones que de otra manera habrían sido imposibles de acceder. Descubrí que el conocimiento es poder y la capacidad de hablar el idioma de los bienes raíces me dio el poder para tener éxito.

Mientras reflexiono sobre mi camino, no puedo evitar pensar en mis experiencias de infancia aprendiendo inglés. Al igual que dominar un nuevo idioma, aprender el idioma de los bienes raíces requería dedicación, práctica y perseverancia. Y al igual que con cualquier idioma, la fluidez llegó con el tiempo, la experiencia y la exposición.

Te animo, mientras emprendes tu propio camino en bienes raíces, a que aprendas el idioma de la industria. Acepta el desafío, dedícate al proceso y encuentra un mentor o una comunidad que te apoye en el camino. El secreto del éxito en bienes raíces radica en tu capacidad para comprender y comunicarte eficazmente en su idioma único. Una vez que hayas dominado esta habilidad, el mundo de los bienes raíces se abrirá ante ti, brindándote infinitas oportunidades de crecimiento, conexiones y éxito.

Nunca subestimes el poder de aprender el idioma de los bienes raíces. Puede parecer desalentador al principio, pero con dedicación, práctica y perseverancia, puedes adquirir fluidez y desbloquear los secretos que no quieren que conozcas. Al hacerlo, estarás bien preparado para navegar en el complejo mundo de los bienes raíces y, en última instancia, alcanzar tus metas como inversionista.

Recuerda que el viaje de mil millas comienza con un solo paso. Comienza sumergiéndote en el idioma y pronto descubrirás que te has convertido en parte de la comunidad de bienes raíces. A medida que continúes creciendo y evolucionando como inversionista, nunca dejes de aprender y mejorar tu comprensión del lenguaje de la industria. Cuanto más fluido te vuelvas, más éxito tendrás.

Acepta el desafío y pronto te encontrarás entre las filas de los inversionistas de bienes raíces más exitosos.

Capítulo 13

La Importancia de la Educación Financiera

Desde una edad temprana, tenía un ardiente deseo de tener éxito y una sed de conocimiento. Sabía que quería marcar la diferencia en el mundo y construir una vida de libertad financiera para mí y mi familia. Pero rápidamente me di cuenta de que para destacar verdaderamente en el mundo de los bienes raíces, necesitaba más que pasión y determinación. Necesitaba una sólida base en educación financiera.

Cuando crecía, las discusiones sobre el dinero eran escasas en mi hogar. Al igual que muchos otros, recogí fragmentos de sabiduría financiera de mi madre y a través de prueba y error. Al darme cuenta de la importancia de una educación financiera integral, me embarqué en un viaje para aprender todo lo que pudiera sobre manejo del dinero, estrategias de inversión y técnicas para crear riqueza. Devoré libros, asistí a seminarios y busqué mentoría de exitosos inversionistas en bienes raíces. Y a medida que crecía mi conocimiento, también lo hacían mi confianza y éxito en la industria.

Un día, conocí a un joven llamado Alex en un seminario de bienes raíces. Se acercó a mí durante un descanso y entablamos una conversación. Al igual que yo, Alex tenía hambre de éxito y estaba ansioso por aprender los entresijos de la inversión en bienes raíces. Mientras charlábamos, pude ver su potencial, pero también reconocí que él también carecía de una sólida educación financiera.

Durante los siguientes meses, tomé a Alex bajo mi tutela y lo ayudé a orientarse en su camino de inversión en bienes raíces. Discutimos la importancia de comprender los activos y pasivos, el poder de aprovechar el dinero de otras personas y la importancia de la gestión del flujo de efectivo. Compartí con él los secretos de bienes raíces que no quieren que sepas, incluido el papel crucial que desempeña la educación financiera en lograr un éxito duradero.

A medida que la comprensión de Alex sobre los conceptos financieros crecía, también lo hacía su destreza en la inversión en bienes raíces. Comenzó a tomar decisiones de inversión más inteligentes, administrando eficazmente sus propiedades y haciendo crecer gradualmente su cartera. En particular, Alex se volvió muy hábil para identificar y renovar viviendas en San Antonio. Desarrolló un ojo agudo para detectar propiedades subvaluadas, negociar los mejores acuerdos y hacer las mejoras necesarias para maximizar sus ganancias. En poco tiempo, había renovado con éxito numerosas viviendas y había ganado una reputación como un inversionista astuto en la comunidad local de bienes raíces.

Al ver su progreso, no pude evitar sentir un sentido de orgullo al saber que había desempeñado un papel en su desarrollo como inversionista. A lo largo de nuestro tiempo juntos, Alex y yo reflexionamos a menudo sobre la importancia de la educación financiera. Ambos sabíamos que este conocimiento crucial era uno de los secretos de bienes raíces que no quieren que sepas. Al equiparnos con una sólida base en alfabetización financiera, estábamos mejor preparados para navegar por las aguas a menudo turbulentas del mundo de los bienes raíces y tomar decisiones de inversión sólidas que en última instancia nos conducirían al éxito.

Hoy en día, mientras sigo trabajando con inversionistas aspirantes, estoy más convencido que nunca de la importancia de la educación financiera. Creo firmemente que una comprensión integral del manejo del dinero, las estrategias de inversión y las técnicas para construir riqueza es la clave para desbloquear todo el potencial en el mundo de los bienes raíces. Compartiendo mis propias experiencias y las lecciones que he aprendido en el camino, espero inspirar a otros a buscar el conocimiento que les permitirá tomar el control de su futuro financiero y lograr el éxito que merecen.

Te animo a que emprendas tu propio camino de educación financiera, ya sea que estés comenzando en el mundo de la inversión en bienes raíces o seas un profesional experimentado. El conocimiento que adquieras no solo te ayudará a navegar por la industria con confianza, sino que también te permitirá construir un legado de riqueza para ti y las generaciones futuras. Recuerda, los secretos de bienes raíces que no quieren que sepas están al alcance de tu mano, todo lo que se necesita es un compromiso con el aprendizaje y la disposición para crecer.

A medida que continúes en tu camino hacia la libertad financiera y el éxito en bienes raíces, recuerda mantenerte fiel a tus valores y mantener la mentalidad del inversionista próspero. Rodéate de personas con ideas afines que compartan tu pasión por el conocimiento y el crecimiento. Aprende de aquellos que han venido antes que tú y están dispuestos a compartir su sabiduría y experiencias. Siempre mantente abierto a nuevas ideas y estrategias, pero sé selectivo en lo que elijas implementar en tu propia cartera de inversiones.

Y lo más importante, nunca olvides la importancia de dar. A medida que escalas la escalera del éxito, recuerda extender la mano y ayudar a otros en su camino también. Comparte tu conocimiento, tu tiempo y tus recursos con aquellos que están ansiosos por aprender y crecer. Esto también es parte de la mentalidad del inversionista próspero y uno de los secretos que no quieren que sepas.

Recuerda, en el mundo de la inversión en bienes raíces siempre habrá desafíos y obstáculos que superar.

Capítulo 14

Ingresos Pasivos y Libertad Financiera

A lo largo de mi trayectoria como inversionista en bienes raíces, ha habido un objetivo principal que ha estado al frente de mis esfuerzos: alcanzar ingresos pasivos y libertad financiera. Estos dos objetivos son fundamentales para tener éxito como inversionista en bienes raíces y brindan la base para un éxito duradero. En este capítulo, compartiré cómo mi amigo y mentor Tom me enseñó los principios de los ingresos pasivos y la libertad financiera, y cómo han dado forma a mis estrategias de inversión.

Conocí a Tom en un seminario de bienes raíces unos años después de comenzar mi carrera como inversionista. Él era un inversionista experimentado que había construido una impresionante cartera de propiedades generadoras de ingresos. Con el tiempo, Tom se convirtió tanto en un amigo como en un mentor, compartiendo su conocimiento y experiencias conmigo. Nuestras conversaciones a menudo giraban en torno a diversas estrategias de inversión, tendencias del mercado y la importancia de la persistencia ante los desafíos. Una de las lecciones más valiosas que Tom me enseñó fue la importancia de centrarme en los ingresos pasivos y la libertad financiera.

Tom explicó que los ingresos pasivos son aquellos que se obtienen con poco o ningún esfuerzo por parte del inversionista. En el contexto de los bienes raíces, esto significa adquirir propiedades de alquiler que generen un flujo de efectivo constante con una participación mínima. La libertad financiera, por otro lado, se logra cuando los ingresos pasivos superan los gastos de vida, lo que permite al inversionista vivir la vida según sus propios términos sin depender de un empleo tradicional.

Armado con este conocimiento, cambié mi enfoque hacia la adquisición de propiedades que generaran ingresos pasivos y, en última instancia, condujeran a la libertad financiera. Tom compartió varias estrategias para identificar y adquirir este tipo de propiedades, como buscar activos subvaluados en vecindarios en crecimiento, centrarse en propiedades multifamiliares y aprovechar opciones de financiamiento creativas. También enfatizó la importancia de establecer contactos y construir relaciones con otros inversionistas, agentes de bienes raíces y administradores de propiedades, ya que estas conexiones podrían conducir a ideas y oportunidades valiosas.

Un trato memorable en el que Tom y yo trabajamos juntos fue una asociación en la renovación de una casa en un vecindario deseable. Tom había identificado la propiedad como una prometedora oportunidad de inversión debido a su potencial para obtener ganancias significativas después de las renovaciones. Nos unimos en el proyecto, con Tom aportando su experiencia en análisis de propiedades y yo encargándome del proceso de renovación. Después de completar las renovaciones y poner la propiedad en el mercado, pudimos venderla rápidamente con una substancial ganancia. Esta experiencia no solo aumentó mi confianza como inversionista, sino que también reforzó la importancia de la colaboración y el poder de diversas fuentes de ingresos en la consecución de la libertad financiera.

Uno de los principios clave que Tom enfatizó fue la importancia de administrar diligentemente las propiedades para maximizar el flujo de efectivo. Esto incluía asegurarse de que las propiedades estuvieran bien mantenidas, minimizar las vacantes y establecer alquileres a niveles apropiados. Al aplicar estos principios, pude aumentar constantemente mis ingresos pasivos y acercarme cada vez más a la libertad financiera.

Tom también me enseñó el valor de diversificar mi cartera de inversiones. En lugar de centrarme únicamente en propiedades residenciales, me animó a explorar otros tipos de inversiones en bienes raíces, como propiedades comerciales y fideicomisos de inversión en bienes raíces

(REITs). Al diversificar mi cartera, pude mitigar riesgos y crear múltiples fuentes de ingresos pasivos.

Los ingresos pasivos y la libertad financiera son fundamentales para el éxito de cualquier inversionista en bienes raíces. Al centrarte en la adquisición de propiedades generadoras de ingresos, administrarlas diligentemente y diversificar tu cartera, puedes construir gradualmente riqueza y trabajar hacia la independencia financiera. Las lecciones que aprendí de mi amigo y mentor Tom han sido fundamentales para dar forma a mis estrategias de inversión y guiarme en el camino hacia la libertad financiera.

A medida que continúes tu camino en la inversión en bienes raíces, siempre mantén presentes los principios de los ingresos pasivos y la libertad financiera. Al hacerlo, estarás en el buen camino para lograr el éxito y la independencia financiera que deseas.

Capítulo 15

Comprendiendo los Activos y Pasivos

Eran los mejores tiempos para mi amigo Alfonso. Acababa de conseguir el trabajo de sus sueños con un salario de seis cifras y decidió premiarse comprando una nueva y lujosa casa de 5000 pies cuadrados en una comunidad de club de campo en San Antonio. Organizó una fiesta de inauguración extravagante, invitando a todos los que conocía, incluyéndome a mí, para celebrar su éxito. La casa era espectacular y no pude evitar sentir una pizca de envidia mientras admiraba la impresionante arquitectura, el hermoso patio trasero y los interiores diseñados.

Dos años más tarde, llegaron los peores momentos. La empresa para la que trabajaba Alfonso se declaró en quiebra y perdió su trabajo. Incapaz de mantener los pagos de su hipoteca, se vio obligado a vender su casa con una pérdida significativa. Mientras estábamos juntos en un restaurante de comida rápida local, comiendo hamburguesas y papas fritas, escuché atentamente su historia. No pude evitar pensar en la importancia de comprender los activos y pasivos. Ese conocimiento podría haber evitado que Alfonso cayera en una crisis financiera.

Alfonso me confió que nunca había comprendido realmente la diferencia entre activos y pasivos antes de comprar la casa. Se había dejado seducir por el glamour de vivir en un vecindario prestigioso y había asumido que ser propietario de una propiedad así solo aumentaría su riqueza. Nunca anticipó que su hogar pudiera convertirse en una carga financiera.

Como inversionista en bienes raíces, me he dado cuenta de que comprender los activos y pasivos es un secreto que a la mayoría de las personas nunca se les enseña. Es un concepto fundamental que puede marcar la diferencia entre el éxito y el fracaso financiero, especialmente en la inversión en bienes raíces.

Un activo es algo que pone dinero en tu bolsillo. En bienes raíces, esto podría ser el ingreso por alquiler de un edificio de apartamentos, una propiedad comercial o incluso una casa unifamiliar. Por otro lado, un pasivo es algo que saca dinero de tu bolsillo. Para la mayoría de las personas, su residencia principal es un pasivo, ya que requiere pagos de hipoteca, impuestos a la propiedad y gastos de mantenimiento.

La clave para construir riqueza en bienes raíces es centrarse en adquirir activos mientras se minimizan los pasivos. Al hacerlo, crearás un flujo constante de ingresos pasivos que puede cubrir tus gastos de vida y financiar el estilo de vida que deseas. En lugar de usar tu dinero ganado con esfuerzo para pagar juguetes, automóviles, barcos y membresías de clubes de campo, tus activos cubrirán esos costos, dejándote libre para disfrutar la vida sin estrés financiero.

Pero, ¿por qué se considera que este conocimiento es un secreto? La verdad es que muchas instituciones financieras e industrias no quieren que sepas acerca del poder de los activos porque perturbaría su modelo de negocio. Ellos se benefician de que las personas asuman deudas para comprar casas caras, automóviles y otros bienes de consumo. Al mantener a las masas en la oscuridad sobre la verdadera naturaleza de los activos y pasivos, mantienen el control sobre sus finanzas.

Como inversionista en bienes raíces, mi camino hacia la comprensión de los activos y pasivos comenzó al aprender a diferenciar entre ambos. Comencé analizando mi propia situación financiera, enumerando todos mis activos y pasivos en un papel. Este ejercicio me permitió ver claramente hacia dónde iba mi dinero y qué inversiones realmente estaban funcionando para mí.

A continuación, establecí el objetivo de aumentar mis activos y disminuir mis pasivos. Me enfoqué en invertir en propiedades que generaran un flujo de efectivo positivo, asegurándome de que mis activos crecieran continuamente y financiaran el estilo de vida que deseaba. Al hacerlo, logré la libertad financiera y ya no tuve que depender de un empleo tradicional para llegar a fin de mes.

Compartí mis experiencias con Alfonso, esperando que mi historia lo inspirara a aprender más sobre activos y pasivos. Escuchó atentamente y formuló preguntas, mostrando un interés genuino en comprender los conceptos que estaba explicando. Pude ver un destello de esperanza en sus ojos, ya que se dio cuenta de que no era demasiado tarde para cambiar su situación financiera.

En los siguientes meses, Alfonso y yo pasamos innumerables horas discutiendo sobre inversiones en bienes raíces, activos y pasivos. Comenzó a leer libros, asistir a seminarios y buscar a inversionistas en bienes raíces exitosos como mentores. Con renovada determinación, Alfonso se propuso reconstruir su vida financiera. Comenzó por reducir el tamaño de su vivienda a una más asequible y se centró en pagar sus deudas. Una vez libre de deudas, comenzó a investigar propiedades de inversión que pudieran generar ingresos pasivos.

La historia de mi amigo Alfonso es una advertencia que destaca la importancia de comprender los activos y pasivos. Al comprender este concepto fundamental, puedes construir una base sólida para la creación de riqueza a través de la inversión en bienes raíces. No permitas que el secreto permanezca oculto; utiliza este conocimiento a tu favor y observa cómo tus sueños financieros se convierten en realidad.

Recuerda, nunca es demasiado tarde para aprender y cambiar tu destino financiero.

Capítulo 16

Encontrando tu Buena Posición

Era una cálida tarde de primavera cuando conocí a Ryan, un joven y ambicioso emprendedor que recién comenzaba su camino en la inversión en bienes raíces. Ambos estábamos asistiendo a un evento de networking en bienes raíces en San Antonio, y Ryan se acercó a mí con entusiasmo para hablar sobre su recién descubierta pasión por la industria. Mientras intercambiábamos historias, no pude evitar notar el destello en los ojos de Ryan, un fuego familiar que reconocí de mis primeros días en el negocio.

Antes de sumergirnos en nuestra conversación, Ryan compartió un poco de su experiencia. Había estado trabajando en el mundo corporativo durante varios años, pero recientemente había decidido dejar la seguridad de un trabajo de 9 a 5 para perseguir su sueño de convertirse en inversionista en bienes raíces. Ryan tenía hambre de conocimiento y estaba ansioso por aprender todos los aspectos del mundo de los bienes raíces, desde remodelar casas hasta administrar propiedades de alquiler, venta al por mayor e incluso bienes raíces comerciales. Si bien su entusiasmo era encomiable, no pude evitar pensar en uno de los secretos más importantes del mercado de bienes raíces que no quieren que sepas: el poder de encontrar tu buena posición.

Mientras nos sentábamos a tomar una taza de café, compartí mis pensamientos con Ryan. "Si bien es genial tener un amplio rango de intereses en bienes raíces, es crucial enfocarte en encontrar tu buena posición", le dije. "Ser un experto en todo puede realmente limitarte en esta industria".

Ryan lucía confundido, así que continué: "Al concentrarte en un área específica de bienes raíces, puedes convertirte en un experto en ese campo, lo que finalmente te llevará a un mayor éxito. Es uno de los secretos del mercado de bienes raíces que no quieren que sepas, porque quieren mantenerte distraído y disperso".

Compartí mi propia experiencia de encontrar mi buena posición en el mundo de los bienes raíces. Al principio, exploré varios aspectos de la industria, pero no fue hasta que me enfoqué en propiedades multifamiliares que mi carrera realmente despegó. Al concentrar mis esfuerzos en un área, pude desarrollar un conocimiento profundo del mercado, lo que me permitió tomar decisiones de inversión más inteligentes y lograr un mayor éxito.

A medida que continuamos nuestra conversación, pude ver que Ryan comenzaba a comprender la importancia de encontrar una buena posición. Discutimos las diversas áreas de la inversión en bienes raíces que podría explorar, y lo animé a asistir a talleres, establecer contactos con otros inversionistas y obtener experiencia práctica para ayudarlo a identificar su posición ideal.

Durante los meses siguientes, Ryan y yo nos mantuvimos en contacto, y me alegró ver cómo él abrazaba el concepto de encontrar su buena posición. Decidió enfocarse en la remodelación de propiedades para luego venderlas en vecindarios en crecimiento, una posición que se adaptaba a su pasión por el diseño y la renovación. Con este nuevo enfoque, la carrera en bienes raíces de Ryan comenzó a florecer, y comenzó a construirse un nombre en el mercado local.

Al reflexionar sobre mi encuentro con Ryan, recuerdo mi misión con este libro: ayudar a los emprendedores a convertirse en mejores emprendedores compartiendo los secretos del mercado de bienes raíces que no quieren que sepas. Al revelar la importancia de encontrar tu buena posición, espero inspirar a otros a enfocarse en sus propias áreas de especialización y desbloquear su máximo potencial en el mundo de la inversión en bienes raíces.

En esta industria competitiva, encontrar tu buena posición es más que una estrategia inteligente; es un poderoso secreto que puede impulsarte hacia un mayor éxito. Al compartir mis experiencias y las lecciones que he aprendido en el camino, mi objetivo es capacitar a otros emprendedores para que encuentren su propio camino en el mundo de la inversión en bienes raíces, armados con el conocimiento de los secretos que no quieren que sepas. Y mientras sigo observando el progreso de Ryan, me enorgullece haber desempeñado un pequeño papel en ayudarlo a forjar su propio camino exitoso en esta emocionante industria.

Encontrar tu buena posición en el mundo de la inversión en bienes raíces es un paso fundamental en el camino hacia el éxito y la libertad financiera. Al enfocarte en un área específica del mercado que se alinee con tus intereses y fortalezas, puedes desbloquear los secretos básicos que no quieren que sepas y construir una riqueza duradera a través de inversiones estratégicas.

La clave del éxito radica en tu capacidad para enfocarte, desarrollar tu experiencia y adaptarte al mundo siempre cambiante de la inversión en bienes raíces.

Recuerda que al centrarte en tus fortalezas e intereses únicos, y al equiparte con el conocimiento de los secretos que no quieren que sepas, estarás en el camino correcto para lograr la libertad financiera y tener un impacto duradero en el apasionante mundo de la inversión en bienes raíces.

Capítulo 17

Inversión en Propiedades Multifamiliares

Una cálida brisa soplaba a través de la ventana abierta, revoloteando suavemente los papeles en mi escritorio mientras me preparaba para otro día en el mundo de la inversión en bienes raíces. Recuerdo sentir una sensación de anticipación y emoción mientras sorbía mi café y contemplaba el horizonte de San Antonio, reflexionando sobre el viaje que me había llevado hasta este punto. El mundo de la inversión en propiedades multifamiliares había sido un cambio de juego para mí, brindándome la oportunidad de descubrir los secretos básicos del mercado de bienes raíces que no quieren que sepas.

Mientras estaba sentado en mi escritorio, recordé la conversación que había despertado mi interés en las propiedades multifamiliares. Era una tarde soleada y estaba almorzando con un compañero inversor llamado Juan, quien había tenido un gran éxito en el mundo de la inversión en propiedades multifamiliares. Mientras compartíamos historias y opiniones, él me habló sobre los beneficios únicos de invertir en propiedades con múltiples unidades, como dúplex, tríplex y edificios de apartamentos.

Juan pintó un vívido panorama del potencial de ingresos pasivos y creación de riqueza que ofrecen las propiedades multifamiliares. Habló de la estabilidad proporcionada por múltiples flujos de ingresos por alquiler y del menor riesgo asociado a las vacantes. A medida que describía las economías de escala que se pueden lograr a través de una gestión y mantenimiento eficientes de la propiedad, podía sentir cómo las ruedas en mi mente comenzaban a girar, mientras empezaba a vislumbrar las posibilidades que se presentaban ante mí.

Mientras escuchaba las historias y experiencias de Juan, me di cuenta de que la inversión en propiedades multifamiliares era una oportunidad que no podía ignorar. Sabía que si podía aprender los detalles de esta especialidad dentro del mercado de bienes raíces, podría desvelar los secretos básicos que no quieren que sepas y llevar mi viaje de inversión a nuevas alturas.

Fortalecido por mi conversación con Juan, me propuse adquirir mi primera propiedad multifamiliar. Sabía que encontrar la propiedad adecuada sería crucial para mi éxito, así que comencé mi búsqueda centrándome en factores como la ubicación, el estado de la propiedad y el potencial de revalorización. Pasé innumerables horas investigando vecindarios, asistiendo a jornadas de puertas abiertas y analizando posibles inversiones para encontrar la opción perfecta.

Finalmente, después de meses de búsqueda, encontré un encantador dúplex en un vecindario deseable con una fuerte demanda de alquiler. La propiedad necesitaba algunas reparaciones menores y actualizaciones, pero podía ver el potencial de un flujo de efectivo sólido y una apreciación a largo plazo. Seguí adelante con la compra y comencé el proceso de financiamiento, renovaciones y búsqueda de inquilinos para la propiedad.

A medida que me sumergía más en el mundo de la inversión en propiedades multifamiliares, rápidamente aprendí que una gestión de propiedad efectiva era fundamental para mi éxito. Experimenté con gestionar la propiedad por mi cuenta, pero pronto descubrí que trabajar con una empresa profesional de administración de propiedades era una inversión inteligente. Esto me permitió enfocarme en hacer crecer mi cartera y buscar nuevas oportunidades, al tiempo que garantizaba que las operaciones diarias de mi propiedad se manejaran de manera eficiente.

Con el tiempo, seguí adquiriendo propiedades multifamiliares adicionales, perfeccionando mis habilidades y aprendiendo valiosas lecciones en el camino. Descubrí la importancia de establecer relaciones con prestamistas locales y explorar estrategias creativas de financiamiento para financiar mis inversiones. También aprendí el valor de establecer una red de contactos con otros profesionales de bienes raícess, asistir a eventos de la industria y mantenerme actualizado sobre las últimas tendencias y oportunidades dentro del mercado de bienes raíces.

Mientras contemplaba el horizonte aquella mañana, sentí un sentido de gratitud y emoción por las oportunidades que se presentaban en mi viaje de inversión en propiedades multifamiliares. Sabía que este camino no estaría exento de desafíos, pero también sabía que las recompensas y el potencial para lograr la libertad financiera lo convertían en un viaje que valía la pena emprender. Con cada nueva propiedad y experiencia, continué desvelando los secretos básicos del mercado de bienes raíces que no quieren que sepas, lo que me permitió construir riqueza y crear una base sólida para mi futuro financiero.

Invertir en propiedades multifamiliares puede ser una estrategia poderosa y gratificante para aquellos que buscan construir riqueza y lograr la libertad financiera a través de la inversión en bienes raíces. Al comprender los beneficios, desafíos y oportunidades únicas asociadas con las inversiones en propiedades multifamiliares, puedes encaminarte hacia el éxito y desvelar los secretos que otros tal vez no quieran que descubras.

A medida que sigas tu propio viaje de inversión en propiedades multifamiliares, recuerda las lecciones y conocimientos compartidos en este capítulo. Sé diligente en tu investigación, construye relaciones sólidas dentro de la industria y nunca dejes de aprender y crecer como inversor.

Capítulo 18

El Arte de la Compra y Venta Mayorista de Bienes Raíces

Llegué a la concurrida cafetería justo a tiempo para ver a mi viejo amigo y compañero inversionista, Adonai, instalándose en un rincón acogedor con una cálida sonrisa en su rostro. Recientemente, había descubierto un nicho en el mundo de los bienes raíces que estaba cambiando rápidamente su vida. Pero poco sabía yo que nuestra conversación esa noche me introduciría en el mundo de la compra y venta mayorista de bienes raíces, una estrategia que tenía el potencial de desvelar los secretos básicos del mercado de bienes raíces que no quieren que sepas.

Mientras nos acomodábamos en nuestros asientos con tazas de café humeantes, los ojos de Adonai brillaban de entusiasmo mientras comenzaba a explicar su último emprendimiento. La compra y venta mayorista de bienes raíces, me dijo, era una estrategia que le permitía conectar a vendedores motivados con compradores ávidos, sin tener nunca que adquirir la propiedad. A cambio, obtenía una ganancia por su esfuerzo en unir el trato.

Adonai continuó, explicando que este enfoque le permitía generar ingresos sin la necesidad de grandes inversiones de capital o el riesgo asociado con la compra y retención de propiedades. Mientras describía el proceso de encontrar oportunidades, negociar contratos y conectarse con compradores, no pude evitar sentirme intrigado por este nuevo mundo de oportunidades que se abría ante mí.

Adonai tuvo la amabilidad de compartir sus conocimientos y experiencias como un comprador y vendedor mayorista de bienes raíces, brindándome los fundamentos necesarios para comenzar. Explicó que el primer paso en la compra y venta mayorista era encontrar vendedores motivados, a menudo personas que enfrentaban dificultades financieras o que querían deshacerse rápidamente de una propiedad. A través de su red de contactos, publicidad e incluso recorriendo vecindarios, podía identificar posibles oportunidades y establecer contacto con estos vendedores.

Una vez que había identificado una oportunidad prometedora, Adonai negociaba un contrato de compra con el vendedor, asegurando un precio que le permitiera obtener un margen de ganancia. Él enfatizó que era crucial incluir una cláusula que le permitiera ceder el contrato a un comprador, asegurando que no estuviera obligado a concretar la compra él mismo.

Con el contrato en mano, Adonai dirigía su atención a encontrar un comprador final, generalmente un inversionista de bienes raíces interesado en adquirir la propiedad. Presentaba la oportunidad a posibles compradores, resaltando el potencial de ganancia y otras ventajas de la propiedad. Si el comprador estaba interesado, él cedía el contrato a esa persona, permitiéndole tomar su lugar y completar la compra directamente con el vendedor.

Al concretarse la transacción, Adonai recibía su "comisión mayorista", la diferencia entre el precio que había negociado con el vendedor y el precio que el comprador estaba dispuesto a pagar. Esta comisión, explicó, era su recompensa por conectar a las partes y facilitar la transacción.

Inspirado por el éxito Inspirado por el éxito de Adonai y el potencial de libertad financiera que la compra y venta mayorista de bienes raíces ofrecía, decidí sumergirme en el mundo de la compra y venta mayorista de bienes raíces. Establecí redes de contacto con otros inversionistas, asistí a seminarios y busqué constantemente nuevas oportunidades para aprender y crecer.

A medida que perfeccionaba mis habilidades como mayorista, descubrí que la clave del éxito en este nicho era la persistencia, la creatividad y la capacidad de establecer relaciones sólidas dentro de la industria. Al mantenerme enfocado en mis metas y ser fiel a mis valores, pude desvelar los secretos básicos del mercado de bienes raíces que no quieren que sepas y crear un negocio rentable basado en la conexión de oportunidades.

Al mirar atrás en mi viaje hacia el mundo de la compra y venta mayorista de bienes raíces, estoy agradecido por las lecciones, experiencias y relaciones que han moldeado mi éxito en este nicho. A través de la compra y venta mayorista, he podido generar un flujo de ingresos que no solo ha respaldado mis metas financieras, sino que también me ha permitido ayudar a otros en el proceso. Al conectar a vendedores motivados con compradores ansiosos, he contribuido a transformar vidas y comunidades para mejor.

La compra y venta mayorista de bienes raíces no está exenta de desafíos, pero las recompensas pueden ser significativas para aquellos que estén dispuestos a invertir el esfuerzo y la dedicación necesarios para tener éxito. Al comprender el proceso, establecer una red de profesionales de la industria y buscar constantemente oportunidades para aprender y crecer, los mayoristas pueden desvelar los secretos básicos del mercado de bienes raíces que no quieren que sepas.

El camino hacia el éxito en la compra y venta mayorista está lleno de desafíos, pero al abrazar estos obstáculos y considerarlos oportunidades de crecimiento, los mayoristas pueden desvelar los secretos básicos del mercado de bienes raíces que no quieren que sepas. Las recompensas de la compra y venta mayorista de bienes raíces van más allá de las ganancias financieras. Las experiencias, relaciones y crecimiento personal que acompañan este viaje tienen el potencial de convertirte en una persona más resiliente, ingeniosa y compasiva, capaz de tener un impacto duradero en el mundo de los bienes raíces y más allá.

Capítulo 19

Ubicación, Ubicación, Ubicación

En una soleada y húmeda tarde, me encontraba paseando por un pintoresco vecindario en San Antonio, Texas, admirando los patios bellamente ajardinados y las encantadoras casas. Fue allí donde presencié una escena que cambiaría para siempre mi enfoque hacia la inversión en bienes raíces: una joven pareja parada frente a una casa recién comprada, radiante de orgullo y felicidad mientras posaban para una fotografía junto a su agente de bienes raíces.

Mientras continuaba mi camino, no pude evitar preguntarme qué tenía de especial este vecindario en particular. ¿Qué hacía que esta ubicación fuera tan deseable que pudiera brindar tanta felicidad a una joven familia y sin duda proporcionar una sólida inversión para su futuro? La respuesta, pronto me di cuenta, radicaba en el poder de la ubicación, ubicación, ubicación.

A medida que profundizaba en el mundo de la inversión en bienes raíces, me di cuenta cada vez más de la importancia de la ubicación al seleccionar y evaluar propiedades. No era suficiente encontrar una casa hermosa o un edificio bien mantenido; el verdadero valor de una propiedad estaba intrínsecamente ligado a su ubicación y al potencial de crecimiento y desarrollo en el área circundante.

Aprendí que las propiedades en buenas ubicaciones no solo atraerían inquilinos de mayor calidad, sino que también se apreciarían en valor de manera más rápida y confiable que aquellas en áreas menos deseables. Con este conocimiento en mano, me propuse descubrir los secretos de identificar ubicaciones privilegiadas que maximizarían mis retornos de inversión y proporcionarían una base sólida para mi cartera de bienes raíces.

¿Qué hace que una ubicación sea deseable? A medida que comencé a estudiar varios mercados y vecindarios, descubrí que había varios factores clave que contribuían a la deseabilidad de una ubicación. Estos factores, cuando estaban presentes, podían crear una sinergia poderosa que impulsaría la demanda, aumentaría los valores de las propiedades y, en última instancia, conduciría a una inversión en bienes raíces próspera y exitosa.

Algunos de los factores clave que aprendí a buscar incluían:

Accesibilidad: Las propiedades que eran fácilmente accesibles a través de carreteras principales, autopistas y transporte público tendían a ser más deseables tanto para compradores como para inquilinos.

Crecimiento económico: Las áreas con una economía local sólida, oportunidades laborales y una población en crecimiento tenían más probabilidades de experimentar una mayor demanda de viviendas, lo que llevaba a mayores valores de propiedades y rentas.

Comodidades: Los vecindarios con comodidades deseables, como escuelas de calidad, parques, centros comerciales e instalaciones recreativas, atraerían inquilinos de mayor calidad y justificarían rentas más altas.

Seguridad: Las propiedades en vecindarios seguros y bien mantenidos eran más atractivas para posibles compradores e inquilinos, quienes estaban dispuestos a pagar un precio más alto por la tranquilidad que brindaba vivir en una comunidad segura.

Con estos factores clave en mente, me dispuse a perfeccionar mis habilidades para identificar ubicaciones privilegiadas en bienes raíces. Pasé innumerables horas investigando vecindarios, analizando las tendencias del mercado y hablando con expertos locales para obtener información sobre los factores que impulsaban la demanda y el crecimiento en diversas áreas.

Con el tiempo, desarrollé un ojo agudo para detectar los indicadores sutiles que señalaban que un vecindario estaba a punto de experimentar un crecimiento y transformación.

Al prestar atención a las mejoras planificadas en infraestructura, nuevos desarrollos comerciales y cambios demográficos, pude identificar ubicaciones con un potencial significativo de apreciación en los valores de las propiedades a lo largo del tiempo. Al prestar atención a las mejoras planificadas en infraestructura, nuevos desarrollos comerciales y cambios demográficos, pude identificar ubicaciones con un potencial significativo de apreciación en los valores de las propiedades a lo largo del tiempo.

Ubicación, ubicación, ubicación. A medida que construía mi cartera de bienes raíces, descubrí que no se podía subestimar el poder de la ubicación. Al enfocar mis esfuerzos en propiedades en ubicaciones privilegiadas, pude generar mayores ingresos por alquiler, atraer inquilinos de calidad y obtener ganancias sustanciales en el valor de las propiedades.

Más que una frase pegadiza, "ubicación, ubicación, ubicación" se convirtió en el principio rector de mi estrategia de inversión en bienes raíces. Al comprender los factores que contribuyen a una ubicación deseable y perfeccionar las habilidades para identificar oportunidades privilegiadas, pude descubrir los secretos básicos del mercado de bienes raíces que otros no querían que supiera.

La importancia de la ubicación en la inversión en bienes raíces no se puede subestimar. Al considerar cuidadosamente factores como la accesibilidad, el crecimiento económico, las comodidades y la seguridad, los inversionistas pueden tomar decisiones informadas que maximicen el potencial de éxito y rentabilidad en sus emprendimientos de bienes raícess.

A medida que te adentres en tu propio viaje en bienes raíces, recuerda el poder de la ubicación, ubicación, ubicación. Con este conocimiento en mano, estarás en camino de construir una cartera de bienes raíces exitosa y asegurar un futuro próspero para ti y para aquellos que te rodean. Sigue aprendiendo, creciendo y buscando nuevas oportunidades para crear un valor duradero en el mundo de los bienes raíces.

Capítulo 20

El Arte de la Debida Diligencia

Era temprano por la mañana cuando me reuní con mi mentor, Armando, en su edificio comercial en la ciudad de Álamo. Mientras discutíamos las últimas tendencias en el mercado de bienes raíces, él me hizo una pregunta que cambiaría para siempre mi enfoque hacia mis inversiones: "Alberto, ¿has escuchado alguna vez sobre la debida diligencia?"

En ese momento, yo era relativamente nuevo en el mundo de la inversión en bienes raíces y el concepto de la debida diligencia me era desconocido. A medida que Armando comenzaba a explicar la importancia de realizar una investigación y análisis exhaustivos antes de tomar cualquier decisión de inversión, rápidamente me di cuenta de que dominar el arte de la debida diligencia sería esencial para mi éxito como inversor en bienes raíces.

Entendiendo la Debida Diligencia. La debida diligencia, como explicó Armando, es el proceso de investigar y evaluar cuidadosamente una propiedad u oportunidad de inversión antes de comprometer cualquier recurso. Implica reunir y analizar información sobre la propiedad, su desempeño financiero, el mercado local y cualquier riesgo o desafío potencial que pueda afectar su valor o rentabilidad.

El propósito de la debida diligencia es minimizar el riesgo y asegurarse de tomar decisiones informadas basadas en información precisa y confiable. Como inversor en bienes raíces, realizar una debida diligencia exhaustiva es crucial para evitar errores costosos y maximizar el potencial de éxito en tus inversiones.

El Proceso de la Debida Diligencia. A medida que me adentraba más en el mundo de la inversión en bienes raíces, comencé a desarrollar mi propio proceso de debida diligencia, guiado por las lecciones e ideas que había obtenido de Armando y otros expertos de la industria. Mi proceso involucraba varios pasos clave, que describiré a continuación:

Análisis de la Propiedad: En primer lugar, realizaría una inspección exhaustiva de la propiedad en sí, evaluando su estado, características y cualquier problema potencial que pudiera requerir reparación o renovación. Esto me ayudaría a determinar el verdadero valor de la propiedad y los costos asociados con su máximo potencial.

Análisis Financiero: Luego, revisaría el desempeño financiero de la propiedad, incluyendo los ingresos por alquiler, los gastos y el flujo de efectivo. Al analizar estas cifras, podría determinar si la propiedad es una buena inversión y qué tipo de rendimiento puedo esperar.

Investigación de Mercado: Para obtener una mejor comprensión del mercado local, investigaría las tendencias actuales, las tasas de alquiler y los valores de las propiedades en el área. Esto me ayudaría a identificar cualquier riesgo u oportunidad potencial y tomar decisiones más informadas sobre mis inversiones.

Revisión Legal y Regulatoria: Por último, consultaré con expertos legales y reguladores para asegurarme de estar al tanto de cualquier restricción de zonificación, códigos de construcción u otras regulaciones que puedan afectar mis planes para la propiedad.

El Poder de la Debida Diligencia. A medida que aplicaba estos principios de debida diligencia a mis inversiones en bienes raíces y más me adentraba en el mundo de la inversión en bienes raíces, rápidamente me di cuenta del valor de este enfoque meticuloso. Al realizar una investigación y análisis exhaustivos, pude descubrir oportunidades ocultas y evitar posibles obstáculos que podrían haber obstaculizado mis planes de inversión.

Además, descubrí que el arte de la debida diligencia no se limitaba a las etapas iniciales del proceso de inversión. Al monitorear constantemente mis propiedades y mantenerme informado sobre los cambios en el mercado, pude tomar decisiones oportunas y estratégicas que mejoraron el valor y la rentabilidad de mi cartera de bienes raíces.

Descubriendo los Secretos Básicos del Mercado De bienes raíces que No Quieren que Conozcas. Al reflexionar sobre mi viaje en el mundo de la inversión en bienes raíces, estoy agradecido por las lecciones e ideas que han moldeado mi éxito. El arte de la debida diligencia, en particular, ha sido fundamental para ayudarme a descubrir los secretos básicos del mercado de bienes raíces que no quieren que conozcas.

Al abrazar el poder de la debida diligencia, tú también puedes desbloquear el potencial oculto de tus inversiones en bienes raíces y crear una base sólida para el éxito duradero. A medida que te aventures en tu propio viaje en el mundo de bienes raíces, recuerda la importancia de realizar una investigación y análisis exhaustivos antes de tomar decisiones de inversión. Con este conocimiento en mano, estarás bien preparado para navegar por las complejidades del mercado, minimizar el riesgo y maximizar el potencial de éxito en tus esfuerzos.

Dominar el arte de la debida diligencia es una habilidad esencial para cualquier aspirante a inversor en bienes raíces. Al tomar el tiempo necesario para investigar y evaluar cuidadosamente cada aspecto de una posible inversión, podrás tomar decisiones informadas que en última instancia conducirán a una mayor rentabilidad y éxito a largo plazo. Al refinar continuamente tu proceso de debida diligencia y mantenerte al tanto de las tendencias del mercado, puedes asegurarte de estar siempre un paso adelante de la competencia, descubriendo los secretos básicos del mercado de bienes raíces que no quieren que conozcas.

Nunca subestimes el valor de la debida diligencia. Es una herramienta poderosa que te servirá bien en tu viaje en el mundo de los bienes raíces.

Capítulo 21

El Poder de los Ciclos del Mercado

En una tarde, mientras conducía por las calles de San Antonio buscando propiedades, recibí una llamada inesperada de mi mentor, Armando. "Alberto", dijo en su voz tranquila y reconfortante, "creo que es hora de que hablemos sobre el poder de los ciclos del mercado y cómo pueden afectar tus inversiones en bienes raíces".

Intrigado por la idea, acepté encontrarme con él más tarde en un restaurante clásico de Tex Mex. Mientras me sentaba frente a él, Armando no perdió tiempo en sumergirse en el tema.

"Alberto", comenzó, "has recorrido un largo camino en tu viaje en bienes raíces, pero aún hay mucho por aprender. Uno de los aspectos más cruciales para tener éxito en las inversiones es comprender los ciclos del mercado y cómo afectan el valor de las propiedades. Al reconocer estos ciclos y adaptar tus estrategias de inversión en consecuencia, puedes maximizar tus ganancias y minimizar tus riesgos".

Armando explicó que el mercado de bienes raíces, al igual que muchos otros mercados financieros, experimenta fluctuaciones conocidas como ciclos del mercado. Estos ciclos constan de cuatro fases distintas: expansión, punto máximo, contracción y punto mínimo. Al comprender cada fase y su impacto en el mercado, los inversionistas pueden tomar decisiones mejor informadas y optimizar sus estrategias de inversión.

Expansión. Durante la fase de expansión, el mercado de bienes raíces experimenta un período de crecimiento. La demanda de propiedades aumenta, lo que lleva a un incremento en los valores de las propiedades y a un aumento en la actividad de construcción. Este es un momento excelente para que los inversionistas identifiquen oportunidades y adquieran propiedades que tengan el potencial de apreciarse en valor.

Punto máximo. La fase del punto máximo ocurre cuando el mercado alcanza su punto más alto de crecimiento. Los valores de las propiedades están en su punto más alto y la demanda puede comenzar a estabilizarse. Armando enfatizó la importancia de ser cautelosos durante esta fase, ya que a menudo es seguida por un período de contracción.

Contracción. A medida que el mercado entra en la fase de contracción, la demanda de propiedades comienza a disminuir, lo que lleva a una caída en los valores de las propiedades. Esta fase puede ser un momento desafiante para los inversionistas, ya que puede ser más difícil vender propiedades o asegurar financiamiento. Sin embargo, Armando señaló que los inversionistas expertos pueden encontrar oportunidades en propiedades en dificultades o aprovechando la competencia reducida.

Punto mínimo. La fase del punto mínimo representa el punto más bajo en el ciclo del mercado. Los valores de las propiedades han alcanzado su punto más bajo y la demanda es mínima. Armando explicó que si bien esta fase puede ser difícil para los inversionistas, también presenta la oportunidad de adquirir propiedades con un descuento significativo, sentando las bases para ganancias futuras a medida que el mercado comienza a recuperarse.

Armando destacó la importancia de mantenerse informado sobre las tendencias del mercado y comprender cómo los ciclos del mercado afectan el valor de las propiedades. Al hacerlo, los inversionistas pueden tomar decisiones bien fundamentadas sobre cuándo comprar, mantener o vender propiedades.

También compartió su enfoque personal para navegar por los ciclos del mercado, que consistía en centrarse en propiedades que generaran flujo de efectivo y que pudieran resistir las fluctuaciones del mercado. Esta estrategia, dijo, le permitió generar un flujo constante de ingresos, independientemente de las condiciones del mercado.

A medida que nuestra conversación llegaba a su fin, no pude evitar sentir una nueva confianza y emoción acerca del futuro de mis inversiones en bienes raíces. Armado con el conocimiento de los ciclos del mercado y su impacto en los valores de las propiedades, me sentí mejor preparado para tomar decisiones estratégicas de inversión y descubrir los secretos básicos del mercado de bienes raíces que no quieren que sepas.

Comprender y aprovechar los ciclos del mercado es un componente fundamental para tener éxito en la inversión en bienes raíces. Al mantenerte informado y adaptar tus estrategias a las cambiantes condiciones del mercado, puedes posicionarte para lograr un éxito y prosperidad a largo plazo en el mundo de los bienes raíces.

A medida que te embarques en tu propio viaje de inversión en bienes raíces, recuerda siempre la importancia de comprender y aprovechar los ciclos del mercado. Mantente informado, sé adaptable y utiliza el conocimiento de las fluctuaciones del mercado a tu favor.

Con estos principios en mente, estarás bien equipado para navegar por las complejidades del mercado, tomar decisiones estratégicas de inversión y descubrir los secretos básicos del mercado de bienes raíces que no quieren que sepas. Al hacerlo, desbloquearás el potencial para lograr un éxito y prosperidad a largo plazo en el mundo de los bienes raíces.

Capítulo 22

Construcción y Mantenimiento del Crédito

Siempre me maravillaron las historias que mi madre solía contarme sobre su juventud en México. Los cuentos de sus aventuras y lecciones de vida siempre cautivaban mi imaginación. Un día, me contó la historia del Señor Zaragoza, el adinerado propietario de tierras de un pueblo cercano. El Señor Zaragoza era admirado por muchos, no solo por su riqueza, sino por su agudo entendimiento de las finanzas y la forma en que manejaba su crédito.

Mi madre me explicó que el Señor Zaragoza era un maestro del crédito. Comprendía su poder y lo aprovechaba en beneficio propio para construir su imperio en bienes raíces. Esto me intrigó y decidí aprender todo lo que pudiera sobre el crédito y cómo podría ayudarme en mis esfuerzos en el sector de bienes raíces.

Al adentrarme en el mundo del crédito, descubrí que la construcción y el mantenimiento de un buen crédito son uno de los secretos del mercado de bienes raíces que no quieren que sepas. Una sólida historia crediticia abre un mundo de posibilidades, te permite obtener mejores condiciones de préstamo, negociar tasas de interés favorables y acceder a financiamiento que de otro modo estaría fuera de tu alcance.

El primer paso para construir un buen crédito es entender los factores que influyen en tu puntaje crediticio. Estos incluyen el historial de pagos, los montos adeudados, la duración del historial crediticio, los tipos de crédito utilizados y las nuevas consultas de crédito. Al enfocarte en estas áreas clave, puedes trabajar para mejorar tu posición crediticia y prepararte para el éxito en el mundo de los bienes raíces.

Realizar los pagos a tiempo es crucial, ya que representa el 35% de tu puntaje crediticio. Comencé estableciendo pagos automáticos para todos mis gastos recurrentes, asegurándome de nunca perder un pago y dañar inadvertidamente mi puntaje crediticio.

La utilización del crédito representa el 30% de tu puntaje crediticio y se refiere al porcentaje de tu crédito disponible que estás utilizando. Aprendí del ejemplo del Señor Zaragoza que es importante no endeudarte demasiado al usar el crédito. Manteniendo mis saldos bajos y pagando mis deudas rápidamente, pude demostrar a los prestamistas que era un prestatario responsable. Apunta a mantener tu utilización del crédito por debajo del 30%.

Cuanto más largo sea tu historial crediticio, mejor. Este factor representa el 15% de tu puntaje crediticio. Al tener una combinación de diferentes tipos de crédito, como tarjetas de crédito, préstamos de automóviles e hipotecas, pude mostrar a los prestamistas que era capaz de manejar diversas formas de deuda de manera responsable.

A medida que seguía construyendo mi crédito, tuve en cuenta el impacto que las nuevas consultas de crédito podían tener en mi puntaje crediticio. Cada vez que solicitas crédito, se realiza una consulta dura en tu informe crediticio, lo que puede reducir temporalmente tu puntaje. Para minimizar este efecto, me aseguré de espaciar mis solicitudes de crédito y solo solicitar nuevo crédito cuando fuera necesario.

A lo largo de mi camino, aprendí que mantener un buen crédito requiere diligencia y persistencia. Al monitorear regularmente mis informes crediticios y abordar de manera oportuna cualquier error o discrepancia, pude proteger mi posición crediticia y mantener mi reputación como prestatario responsable.

A medida que mi puntaje crediticio mejoraba, descubrí que se abrían puertas para mí en el mundo de la inversión en bienes raíces. Pude obtener mejores condiciones de préstamo, negociar tasas de interés más bajas y acceder a financiamiento que me permitió expandir mi cartera de bienes raíces. Las lecciones que aprendí del ejemplo del Señor Zaragoza y mis propias experiencias en la construcción y el mantenimiento de un buen crédito han resultado invaluables en mi trayectoria como inversionista en bienes raíces.

La construcción y el mantenimiento de un buen crédito son uno de los secretos fundamentales del mercado de bienes raíces que no quieren que sepas. Al comprender los factores que influyen en tu puntaje crediticio y tomar las medidas necesarias para mejorarlo y protegerlo, puedes desbloquear un mundo de oportunidades en el mercado de bienes raíces. Con perseverancia, dedicación y un compromiso con la gestión financiera responsable, puedes aprovechar el poder del crédito para ayudarte a alcanzar tus objetivos de inversión en bienes raíces.

Siempre recuerda las lecciones del Señor Zaragoza y la importancia de los pagos a tiempo, la gestión de tu utilización del crédito y el mantenimiento de un historial crediticio saludable. Al enfocarte en estos aspectos y mantener la disciplina en tu gestión financiera, puedes construir una sólida base crediticia que te servirá bien en tus proyectos de bienes raícess.

A medida que sigues creciendo como inversionista en bienes raíces, nunca subestimes el valor de un buen crédito y las oportunidades que puede abrir para ti. Al desvelar este secreto fundamental del mercado de bienes raíces que no quieren que sepas, podrás establecer una base sólida para el éxito y crear un legado perdurable en el mundo de los bienes raíces.

Capítulo 23

Prestamistas de Dinero Duro

Alberto, bro, me estás tomando el pelo, dijo José mirándome incrédulo. "¿Prestamistas de dinero duro? ¿No son esos los que cobran tasas de interés exorbitantes y te quitan la propiedad si no les pagas?"

Sonreí y asentí a José. "Sí, esos son los que te digo, pero déjame contarte una historia sobre el momento en que conocí a un prestamista de dinero duro que cambió mi percepción del mundo de la financiación en bienes raíces."

Llevé a José de regreso a mis inicios en el sector de bienes raíces, cuando luchaba por encontrar una forma de financiar mi primera propiedad de inversión. Los bancos me habían rechazado y estaba desesperado.

Un día, tropecé con un evento de networking para inversionistas de bienes raícess y allí conocí a Eduardo, un hombre de unos cincuenta años con un espeso bigote plateado y una sonrisa pícara. Tenía el aire de alguien que sabía más sobre la vida y el dinero que la mayoría de las personas.

Después de una breve charla, Eduardo reveló que era un prestamista de dinero duro. Me dijo que podía ayudarme a financiar mi proyecto de bienes raíces, pero que habría una condición.

"Las tasas de interés son altas, amigo mío", dijo inclinándose hacia mí. "Pero si eres inteligente y sabes cómo usar mi dinero, puedes hacer una fortuna".

Intrigado, decidí intentarlo. Tomé prestado dinero de Eduardo y compré una propiedad en mal estado, la arreglé y la vendí obteniendo una ganancia sustancial. Pagué el préstamo y así comenzó mi relación con los prestamistas de dinero duro.

Con el tiempo, aprendí los secretos para aprovechar a los prestamistas de dinero duro a mi favor, y eso es lo que quiero compartir contigo hoy.

En primer lugar, debes entender que los prestamistas de dinero duro no son enemigos. Son simplemente una herramienta en el arsenal de la financiación en bienes raíces. La clave está en saber cuándo utilizarlos y cuándo evitarlos.

Los prestamistas de dinero duro pueden ser una gran opción cuando necesitas cerrar un trato rápidamente, ya que no requieren el mismo nivel de documentación y trámites burocráticos que los bancos. También pueden ser más flexibles en sus condiciones de préstamo, lo que te permite estructurar un acuerdo que funcione para ti.

Sin embargo, debes tener cuidado al usar prestamistas de dinero duro. Como señaló José, sus tasas de interés pueden ser bastante altas y, si no tienes cuidado, puedes encontrarte fácilmente en aprietos.

Entonces, ¿cómo se utilizan los prestamistas de dinero duro de manera efectiva? Sigue estos secretos que he aprendido a lo largo de los años:

Aprovecha su rapidez y flexibilidad: Cuando te encuentras en un mercado competitivo, la velocidad lo es todo. Un préstamo de dinero duro puede marcar la diferencia entre cerrar un trato y perderlo frente a otro inversionista. Aprovecha esto cerrando rápidamente y superando a tu competencia.

Conoce tu estrategia de salida: Antes de acercarte siquiera a un prestamista de dinero duro, Asegúrate de tener una estrategia de salida clara. Ya sea refinanciar la propiedad con un prestamista tradicional o venderla para obtener ganancias, debes tener un plan para pagar el préstamo de manera oportuna.

Negocia los términos: Al igual que cualquier otro prestamista, puedes negociar con los prestamistas de dinero duro. No tengas miedo de pedir mejores tasas de interés, menores comisiones o condiciones de préstamo más favorables. Lo peor que pueden decir es que no.

Construye relaciones: Al igual que lo hice con Eduardo, establece relaciones sólidas con tus prestamistas de dinero duro. Pueden convertirse en valiosos aliados en tu trayectoria en bienes raíces, brindándote ideas, consejos y conexiones.

Mantén tus finanzas en orden: Aunque los prestamistas de dinero duro son más flexibles que los bancos tradicionales, aún es importante mantener un perfil financiero sólido. Esto te hará más atractivo para los prestamistas y te dará más poder de negociación al discutir los términos del préstamo.

Educa yourself: Entiende todos los aspectos de los préstamos de dinero duro, incluidos los riesgos y beneficios. Esto te ayudará a tomar decisiones informadas y asegurarte de utilizar esta opción de financiamiento de manera inteligente.

Úsalo como un trampolín: No dependas exclusivamente de los prestamistas de dinero duro para todas tus necesidades de financiamiento. En su lugar, utilízalos como un trampolín para construir tu cartera en bienes raíces y eventualmente hacer la transición a opciones de financiamiento más tradicionales.

Siguiendo estos secretos, podrás desbloquear el potencial de los prestamistas de dinero duro y utilizarlos para hacer crecer tu imperio en bienes raíces.

A medida que terminé de contarle a José mi historia y las lecciones que aprendí, pude ver un cambio en su perspectiva.

"Alberto, nunca lo había pensado de esa manera", dijo. "Tal vez los prestamistas de dinero duro no sean tan malos después de todo".

Sonreí y le di una palmada en la espalda. "José, amigo mío, recuerda que en el sector de bienes raíces, el conocimiento es poder. Al entender las herramientas disponibles para ti y aprender cómo utilizarlas de manera efectiva, podrás lograr la libertad financiera que siempre has soñado".

Así que no tengas miedo de explorar el mundo de los prestamistas de dinero duro. Utiliza los secretos que te he compartido y recuerda que siempre hay más por aprender en el mundo en constante evolución de la inversión en bienes raíces.

Capítulo 24

Prestamistas de Dinero Privado

Alberto, he estado pensando en nuestra última conversación sobre los prestamistas de dinero duro, dijo José, otro inversionista en bienes raíces y mi querido amigo. "Pero ¿qué pasa con los prestamistas de dinero privado? ¿No son una mejor opción?"

Sonreí y respondí: "José, tienes razón. Los prestamistas de dinero privado pueden ser una excelente fuente de financiamiento para tus inversiones en bienes raíces. Permíteme contarte una historia que te ayudará a entender la diferencia entre los prestamistas de dinero privado y los prestamistas de dinero duro, y cómo utilizarlos a tu favor".

Comencé mi relato explicando que los prestamistas de dinero privado son personas o grupos que prestan su propio dinero a inversionistas como nosotros. Por lo general, tienen una conexión más personal con el prestatario y son más flexibles en cuanto a los términos y condiciones del préstamo. Esta flexibilidad puede marcar la diferencia para los inversionistas en bienes raíces.

Hace algunos años, conocí a Laura, una exitosa empresaria que recientemente había vendido su negocio y estaba buscando nuevas oportunidades de inversión. Entablamos una conversación y le hablé de mis proyectos en bienes raíces. Mientras hablábamos, me di cuenta de que Laura podría ser una posible prestamista de dinero privado para mis proyectos.

Decidí acercarme a ella con una propuesta. Le mostré una propiedad en mal estado que había encontrado, la cual tenía el potencial de ser una inversión rentable para comprar, renovar y vender. A Laura le intrigó la idea pero estaba indecisa, ya que nunca había invertido en bienes raíces antes.

Para tranquilizar sus preocupaciones, compartí mis éxitos anteriores con ella y expliqué cómo su inversión estaría respaldada por la propiedad misma. También le ofrecí un mejor rendimiento de su dinero en comparación con lo que estaba obteniendo en su cuenta de ahorros.

Laura aceptó prestarme el dinero y establecimos un acuerdo beneficioso para ambos. Obtuvimos los fondos que necesitaba y ella recibió un buen rendimiento de su inversión.

Con el tiempo, he desarrollado una sólida relación con Laura y se ha convertido en una de mis prestamistas de dinero privado de confianza para mis proyectos de bienes raícess.

Ahora, permíteme compartirte los secretos que he aprendido sobre cómo utilizar los prestamistas de dinero privado para financiar tus inversiones en bienes raíces:

Construye relaciones: A diferencia de los prestamistas de dinero duro, los prestamistas de dinero privado suelen ser amigos, familiares o conocidos. Por lo tanto, es crucial construir y mantener relaciones sólidas con ellos, ya que la confianza es la base de estos acuerdos de préstamo.

Sé profesional: Solo porque los prestamistas de dinero privado sean más flexibles e informales, no significa que puedas ser poco profesional. Preséntales una propuesta bien investigada y organizada que detalle tus planes y cómo tienes la intención de pagar el préstamo.

Ofrece condiciones atractivas: Los prestamistas de dinero privado buscan un buen rendimiento de su inversión. Ofrece una tasa de interés competitiva o un acuerdo de reparto de beneficios que les resulte provechoso para prestarte su dinero.

Sé transparente: Mantén informados a tus prestamistas de dinero privado sobre el progreso de tus proyectos, tanto los éxitos como los desafíos. La transparencia genera confianza y puede llevar a asociaciones duraderas.

Educa a tus prestamistas: Muchos prestamistas de dinero privado pueden no estar familiarizados con la inversión en bienes raíces. Dedica tiempo a educarlos sobre el proceso y los beneficios potenciales, para que se sientan más cómodos invirtiendo en tus proyectos.

Diversifica tus fuentes: No dependas únicamente de un prestamista de dinero privado. Cultiva relaciones con múltiples prestamistas para asegurarte de siempre tener acceso a los fondos que necesitas.

Trátalos como socios: Recuerda que los prestamistas de dinero privado están invirtiendo su dinero ganado con esfuerzo en tus proyectos. Trátalos con respeto y considéralos como socios en tu camino hacia el éxito financiero.

Al terminar mi relato, José parecía impresionado. "Alberto, parece que los prestamistas de dinero privado son un recurso fantástico. Definitivamente comenzaré a buscar posibles prestamistas en mi red".

Asentí con acuerdo. "José, recuerda que la inversión en bienes raíces se trata de aprovechar los recursos, y los prestamistas de dinero privado pueden ser un aliado poderoso en tu búsqueda de la libertad financiera. Al cultivar relaciones, ser profesional y tratarlos como socios, podrás desbloquear el verdadero potencial del préstamo de dinero privado".

José asintió, claramente inspirado. "Gracias por compartir tu experiencia y conocimientos, Alberto. Ahora puedo ver cómo los prestamistas de dinero privado pueden desempeñar un papel crucial en mi camino en bienes raíces".

Mientras nos despedíamos, supe que José había obtenido conocimientos valiosos que le servirían bien en sus proyectos de inversión en bienes raíces. Y espero que tú también puedas aprovechar estas lecciones y utilizar los prestamistas de dinero privado para impulsar tus sueños en el mercado de bienes raíces a nuevas alturas.

Capítulo 25

DOP - El Dinero de Otras Personas

Mientras me sentaba con mi amigo, Kyle, pude ver que estaba frustrado. "Alberto, simplemente no entiendo. ¿Cómo encuentras el dinero para financiar todas tus transacciones en bienes raíces? No tengo una fortuna guardada para invertir en propiedades".

Sonreí y le respondí: "Kyle, amigo mío, estás viéndolo desde la perspectiva equivocada. No necesitas una fortuna propia para invertir en bienes raíces. Solo necesitas aprender a utilizar el Dinero de Otras Personas (DOP)".

Kyle me miró con expresión de confusión. "DOP, ¿a qué te refieres?"

Me recosté en mi silla y comencé a contarle a Kyle la historia de cómo aprendí por primera vez el poder de utilizar el dinero de otras personas para invertir en bienes raíces.

Hace algunos años, asistí a un seminario de bienes raíces donde conocí a un inversor experimentado llamado Eduardo. Había estado invirtiendo en propiedades durante años y su cartera era impresionante. Mientras conversábamos, me reveló el secreto de su éxito: nunca utilizaba su propio dinero para financiar sus transacciones.

Al principio, no le creí. Pero a medida que él me explicaba el concepto del DOP, empecé a comprender el potencial que tenía para inversores en bienes raíces como yo.

Eduardo me enseñó que al aprovechar el dinero de otras personas, podía invertir en propiedades que de otra manera no habría podido costear. Esto me permitiría hacer crecer mi cartera más rápido y alcanzar la libertad financiera más pronto.

A lo largo de los años, he utilizado el DOP para financiar innumerables transacciones en bienes raíces y ahora quiero compartir contigo los secretos que he aprendido sobre cómo utilizar el dinero de otras personas para financiar tus inversiones:

Asóciate con otros: Encuentra inversores dispuestos a proporcionar el dinero para tus transacciones a cambio de una parte de las ganancias. Estos pueden ser familiares, amigos o incluso asociados comerciales. Asegúrate de tener un acuerdo claro que establezca los términos de la asociación.

Utiliza prestamistas de dinero duro y prestamistas de capital privado: Como he mencionado en capítulos anteriores, los prestamistas de dinero duro y los prestamistas de capital privado pueden ser una excelente fuente de financiamiento para tus transacciones en bienes raíces. Al aprovechar sus fondos, puedes invertir en propiedades sin utilizar tu propio dinero.

Financiamiento del vendedor: En algunos casos, los propietarios de las propiedades están dispuestos a financiar la venta por sí mismos. Esta puede ser una opción atractiva para los inversores, ya que a menudo implica condiciones más favorables y tasas de interés más bajas que los préstamos bancarios tradicionales.

Estrategias de financiamiento creativas: Existen numerosas estrategias de financiamiento creativas que pueden ayudarte a utilizar el dinero de otras personas para financiar tus inversiones en bienes raíces. Estas pueden incluir opciones de arrendamiento, acuerdos "subject-to" y más. Asegúrate de educarte sobre estos métodos y úsalos sabiamente.

Networking: Cuantas más personas conozcas en la industria de bienes raíces, más oportunidades tendrás de encontrar financiamiento para tus transacciones. Asiste a eventos de networking, únete a grupos de inversión de bienes raíces y conecta con otros en el campo para descubrir nuevas fuentes de financiamiento.

Al terminar de compartir mis secretos con Kyle, pude ver cómo se encendía una luz en su cabeza. "Alberto, nunca lo había pensado de esa manera. Me he enfocado tanto en utilizar mi propio dinero que no me di cuenta de todas las otras opciones disponibles para mí".

Sonreí y le dije: "Kyle, recuerda que la inversión en bienes raíces se trata de aprovechar los recursos, y uno de los recursos más poderosos que tienes es el dinero de otras personas. Al aprender a utilizar el DOP de manera efectiva, puedes impulsar tu camino en la inversión de bienes raíces hacia nuevas alturas".

Así que no temas utilizar el dinero de otras personas para financiar tus inversiones en bienes raíces. Al comprender el poder del DOP y utilizar las estrategias que te he compartido, podrás desbloquear el potencial de esta poderosa herramienta y alcanzar la libertad financiera que siempre has soñado.

Cuando Kyle se fue de nuestra reunión, supe que estaba en camino hacia un futuro más brillante en la inversión de bienes raíces. Con conocimientos renovados y determinación, estaba listo para aprovechar el poder del DOP y crear un legado duradero para él y su familia.

Espero que tú también puedas tomar estas lecciones en serio y utilizar el dinero de otras personas para impulsar tus sueños en bienes raíces.

Recuerda, el conocimiento es poder y cuanto más sepas, más éxito tendrás en el mundo de la inversión de bienes raíces.

Capítulo 26

EOP - Experiencia de Otras Personas

En una tarde, me encontré en una conversación con mi amiga de toda la vida, Sofía. Ella era una aspirante a inversora en bienes raíces, ansiosa por aprender los secretos del éxito en la industria. "Alberto, he leído innumerables libros y asistido a numerosos seminarios, pero aún siento que tengo mucho por aprender. ¿Cómo puedo acelerar el proceso de aprendizaje?"

Recordando mis primeros días en la inversión en bienes raíces, respondí: "Sofía, tengo un secreto para ti. La clave para acelerar tu crecimiento como inversora en bienes raíces está en aprender de la EOP: Experiencia de Otras Personas".

Sofía levantó las cejas con curiosidad. "¿EOP? Cuéntame más".

Comencé mi relato recordando mi primer encuentro con el concepto de EOP. Cuando empecé mi camino en el sector de bienes raíces, conocí a un inversionista más experimentado llamado Tony. Había invertido en propiedades durante décadas y había acumulado una gran cantidad de conocimientos y experiencia. Mientras hablábamos, me di cuenta de que aprender de la experiencia de Tony podría ahorrarme años de prueba y error.

Le pregunté a Tony si estaría dispuesto a ser mi mentor, y él amablemente aceptó. Con el tiempo, nuestra relación de mentor-aprendiz floreció, y absorbí cada palabra de sabiduría que Tony tenía para ofrecer. Al aprender de su experiencia, pude evitar errores costosos y tomar decisiones más inteligentes en mi propio camino como inversor.

Explicaba a Sofía que aprovechar la EOP es como estar parado sobre los hombros de gigantes. Al aprender de aquellos que han venido antes que nosotros, podemos alcanzar alturas que nunca creímos posibles.

Ahora, permíteme compartir contigo los secretos que he aprendido sobre cómo aprovechar la experiencia de otras personas para acelerar tu éxito como inversora en bienes raíces:

Encuentra un mentor: Busca inversionistas con experiencia que estén dispuestos a compartir sus conocimientos y perspectivas contigo. Un mentor puede brindarte orientación invaluable y ayudarte a navegar en el complejo mundo de la inversión en bienes raíces.

Únete a un grupo de mastermind: Rodearte de personas con ideas afines que también persiguen el éxito en el sector de bienes raíces. Un grupo de mastermind puede ser una fuente de inspiración, apoyo y aprendizaje compartido.

Asiste a eventos de networking: Asegúrate de asistir a conferencias, talleres y encuentros locales de inversionistas en bienes raíces. Estos eventos son excelentes oportunidades para aprender de inversionistas experimentados y establecer conexiones valiosas.

Lee libros y artículos: No subestimes el poder de la palabra escrita. Muchos inversores en bienes raíces exitosos han compartido sus experiencias y conocimientos en libros y artículos. Devora estos recursos para absorber su sabiduría.

Escucha podcasts y mira videos: La era digital ha facilitado el acceso a la experiencia de otras personas. Los podcasts y videos pueden ser una mina de información e inspiración de inversionistas en bienes raíces con experiencia.

Haz preguntas: No tengas miedo de hacer preguntas cuando interactúes con inversionistas experimentados. Es probable que hayan enfrentado los mismos desafíos que tú y puedan ofrecerte consejos valiosos basados en sus propias experiencias.

Aprende de tus propias experiencias: Si bien es fundamental aprender de las experiencias de otras personas, no olvides reflexionar sobre tu propio camino. Cada negocio y situación que encuentres te enseñará lecciones valiosas que te ayudarán a moldear tu éxito futuro.

Cuando terminé de compartir mis secretos, los ojos de Sofía brillaban de emoción. "Alberto, nunca lo había pensado de esa manera. Aprovechar la experiencia de otras personas parece ser una forma infalible de acelerar mi crecimiento como inversora en bienes raíces".

"Sofía, recuerda que nadie logra el éxito en la inversión en bienes raíces de la noche a la mañana. Pero al aprovechar la sabiduría y experiencia de otras personas, puedes acortar tu curva de aprendizaje y hacer que tu camino hacia la libertad financiera sea mucho más fluido".

Te animo a que aproveches el poder de la EOP en tu camino como inversora en bienes raíces. Aprende de la experiencia de otras personas, rodéate de mentores y colegas conocedores y nunca dejes de buscar nuevas fuentes de sabiduría. Al aprovechar la experiencia de otras personas, puedes acelerar tu crecimiento y alcanzar la libertad financiera que siempre has soñado.

Mientras Sofía y yo nos despedíamos, supe que estaba en el camino correcto hacia el éxito en la inversión en bienes raíces. Con una determinación renovada y sed de conocimiento, estaba lista para desbloquear el poder de la EOP y crear un legado duradero para ella y su familia.

Toma estas lecciones y utiliza la experiencia de otras personas para alimentar tus sueños en bienes raíces.

Capítulo 27

TDP - El Tiempo de Otras Personas

En una noche, me encontré en una reunión de inversionistas en bienes raíces local, platicando con mi buen amigo Allan. Allan era un inversionista dedicado, pero tenía un dilema: "Alberto, estoy luchando por administrar mi tiempo de manera efectiva. Hay tantos aspectos en la inversión en bienes raíces y siento que no puedo hacerlo todo por mi cuenta."

Le respondí: "Allan, no estás solo al sentirte así. Una de las lecciones más importantes que he aprendido en mi camino en la inversión en bienes raíces es el poder de aprovechar el TDP - El Tiempo de Otras Personas."

Allan se mostró intrigado. "¿TDP? ¿Cómo puede el tiempo de otras personas ayudarme a tener éxito en la inversión en bienes raíces?"

Comencé mi historia recordando un punto crucial en mi propia carrera de bienes raíces. Acababa de empezar a adquirir propiedades de alquiler y estaba tratando de manejarlo todo por mi cuenta. Entre encontrar inquilinos, lidiar con problemas de mantenimiento y administrar los aspectos financieros, rápidamente me sentí abrumado.

Fue entonces cuando conocí a Carlos, un experimentado administrador de propiedades. Él me presentó el concepto de TDP y me mostró cómo contratar a un administrador de propiedades podía liberar mi tiempo, permitiéndome concentrarme en encontrar nuevas oportunidades y expandir mi cartera en bienes raíces.

Al aprovechar el tiempo y la experiencia de Carlos, pude hacer crecer mi negocio y alcanzar un nivel de éxito que nunca pensé posible.

Compartí con Allan las valiosas lecciones que he aprendido sobre cómo usar el tiempo de otras personas para hacer crecer tu negocio de inversión en bienes raíces:

Construye un equipo: La inversión en bienes raíces es un deporte de equipo. Rodeate de profesionales conocedores y experimentados, como agentes de bienes raícess, administradores de propiedades, contratistas y abogados. Al aprovechar su tiempo y experiencia, puedes enfocarte en lo que haces mejor: encontrar y concretar tratos.

Delega: Es fundamental aprender a delegar tareas a otras personas, especialmente a medida que tu cartera en bienes raíces crece. Identifica tus fortalezas y debilidades, y delega tareas que estén fuera de tus áreas de expertise. Esto no solo te ahorrará tiempo, sino que también asegurará que cada tarea sea manejada por alguien con las habilidades y conocimientos adecuados.

Contrata un asistente virtual: A medida que tu negocio en bienes raíces crezca, es posible que las tareas administrativas comiencen a consumir tu tiempo. Contratar un asistente virtual puede ayudarte a mantener la organización y administrar tus tareas diarias de manera más eficiente.

Automatiza procesos: Aprovecha la tecnología y utiliza herramientas y software que te ayuden a automatizar tareas que consumen mucho tiempo, como el seguimiento de gastos, la administración de tus propiedades y la comunicación con tu equipo.

Externaliza: Si una tarea es demasiado especializada o consume mucho tiempo, considera externalizarla a un profesional. Por ejemplo, contratar a un contador o contable para manejar tus finanzas puede liberar tu tiempo para concentrarte en hacer crecer tu cartera en bienes raíces.

Enfócate en actividades de alto valor: Identifica las actividades que aportan más valor a tu negocio y prioriza tu tiempo en consecuencia. Al concentrarte en tareas de alto valor, puedes lograr resultados máximos con una inversión mínima de tiempo.

Al terminar de compartir mis ideas, pude ver cómo los ojos de Allan se iluminaban con comprensión. "Alberto, me has abierto los ojos al poder de aprovechar el tiempo de otras personas. Puedo ver cómo esto me ayudará a administrar mi tiempo de manera más efectiva y hacer crecer mi negocio en bienes raíces."

Recuerda que la clave del éxito en la inversión en bienes raíces no solo consiste en trabajar más duro, sino también en trabajar de manera más inteligente. Al aprovechar el tiempo de otras personas, puedes enfocarte en las tareas que más importan y alcanzar tus metas más rápidamente.

Así que te animo a aprovechar el poder del TDP en tu camino de inversión en bienes raíces. Aprende a construir un equipo, delegar tareas y utilizar la tecnología a tu favor. Al aprovechar el tiempo de otras personas, puedes lograr la libertad financiera que siempre has soñado.

Capítulo 28

Terrenos y Desarrollo

La tierra es lo único en el mundo por lo que vale la pena trabajar, luchar e incluso morir, porque es lo único que perdura. Estas palabras de la película "Lo que el viento se llevó" resonaron en mi mente mientras contemplaba las hectáreas de terreno que acababa de adquirir. En su estado actual, no parecía mucho, pero sabía que con el tiempo y el esfuerzo, esta tierra sería la base de mi riqueza. Este capítulo está dedicado a la importancia de los terrenos y el desarrollo en el mundo de los bienes raíces, así como a las lecciones que he aprendido de mis experiencias.

Todo comenzó cuando conocí al señor Uribe, un experimentado inversionista en bienes raíces de más de 60 años que tenía el don de ver el potencial en los lugares más inesperados. El señor Uribe era conocido por convertir parcelas de tierra aparentemente sin valor en comunidades prósperas, y yo estaba ansioso por aprender sus secretos. Me invitó a acompañarlo en un viaje para inspeccionar un nuevo terreno que acababa de adquirir. Mientras nos dirigíamos hacia el lugar, noté que el paisaje se volvía cada vez más árido y no pude evitar preguntarme qué veía él en un lugar tan desolado.

Cuando llegamos a nuestro destino, me di cuenta de que el terreno en sí no era más que una extensión polvorienta y sin desarrollar de matorrales y maleza. Me resultaba difícil imaginar a alguien que quisiera vivir allí. Percibiendo mi escepticismo, el señor Uribe se rió y dijo: "Alberto, joven, debes aprender a ver más allá de lo que tienes frente a ti. Este terreno puede no parecer mucho ahora, pero tiene potencial. Solo necesita un poco de visión y mucho trabajo duro".

Luego me explicó que al desarrollar el terreno en una próspera comunidad, estaría creando algo de valor en lo que la gente querría participar. "Ya ves, Alberto, el valor de la tierra no radica en lo que es, sino en lo que puede llegar a ser. El desarrollo es la clave para desbloquear su verdadero potencial".

Durante los siguientes meses, observé cómo el señor Uribe planificaba y ejecutaba meticulosamente el desarrollo del terreno. Comenzó asegurando los permisos y aprobaciones necesarias, lo que le permitió comenzar la construcción de la infraestructura que sustentaría la nueva comunidad. Se instalaron carreteras, agua y electricidad, transformando el terreno árido en un espacio habitable. A medida que la infraestructura tomaba forma, el valor del terreno aumentaba significativamente.

Luego, el señor Uribe se centró en construir viviendas y espacios comerciales, creando una mezcla diversa de propiedades que atraerían a una amplia gama de inquilinos y compradores. Consideró cuidadosamente las necesidades y deseos del mercado objetivo, asegurándose de que las propiedades fueran muy demandadas. A medida que la comunidad tomaba forma, el valor del terreno seguía creciendo.

A través de esta experiencia, aprendí varias lecciones importantes sobre los terrenos y el desarrollo. En primer lugar, me di cuenta de que el verdadero valor de un terreno radica en su potencial de desarrollo. Una parcela de tierra sin desarrollar puede no parecer mucho a simple vista, pero con la visión y el esfuerzo adecuados, puede convertirse en un activo valioso. En segundo lugar, aprendí que el desarrollo requiere paciencia y persistencia. Puede llevar tiempo y trabajo arduo convertir un terreno en una comunidad próspera, pero las recompensas pueden valer la pena.

Finalmente, descubrí la importancia de comprender las necesidades y deseos del mercado objetivo. Al construir propiedades que atraigan a una amplia gama de compradores e inquilinos, se puede crear una comunidad con alta demanda, lo que aumentará aún más el valor del terreno.

Mientras estaba parado en las calles ahora bulliciosas de la comunidad que el señor Uribe había construido, me maravillé con la transformación que había tenido lugar. La tierra que antes era estéril se había convertido en un activo valioso y próspero, y supe que había aprendido una lección valiosa sobre el poder de los terrenos y el desarrollo. Estaba agradecido por la sabiduría y la guía que el señor Uribe había compartido conmigo, y estaba ansioso por aplicar estas lecciones a mis propias inversiones en bienes raíces.

En los años transcurridos desde mi tiempo con el señor Uribe, he seguido sus pasos, adquiriendo y desarrollando terrenos en varias ubicaciones. Cada nuevo proyecto ha presentado sus propios desafíos y oportunidades únicas, pero las lecciones que aprendí del señor Uribe han sido constantes. A través del trabajo arduo, la visión y la persistencia, he logrado transformar parcelas de tierra olvidadas en valiosos activos de bienes raícess, brindándome seguridad financiera y una sensación de logro.

A medida que te adentres en el mundo de los bienes raíces, te animo a tener en cuenta las lecciones de este capítulo. No temas buscar terrenos sin desarrollar e imaginar las posibilidades que se encuentran bajo la superficie.

Recuerda que el desarrollo es la clave para desbloquear el verdadero potencial de la tierra y que, con paciencia, persistencia y comprensión del mercado objetivo, puedes crear comunidades prósperas que contribuyan a tu riqueza y éxito.

Capítulo 29

Inversión en Propiedades de Airbnb

En una mañana temprana, me encontré sentado en un pequeño café tomando un cappuccino, disfrutando de un breve descanso de mi apretada agenda. Mientras observaba a la gente, noté un grupo diverso de turistas paseando: jóvenes mochileros, familias con niños e incluso algunas parejas de ancianos, todos explorando la ciudad con emoción en sus ojos. Fue entonces cuando me di cuenta del enorme potencial que yacía en el mercado emergente de alquileres a corto plazo, especialmente con la creciente popularidad de plataformas como Airbnb.

No pasó mucho tiempo antes de que buscara la guía de mi buen amigo y mentor, Armando, quien ya había incursionado en inversiones en Airbnb. Nos encontramos en un encantador alquiler de Airbnb de estilo bohemio que él poseía en el corazón de San Antonio. El lugar estaba impecable y decorado con buen gusto, creando un ambiente cálido y acogedor para sus huéspedes.

"Alberto", dijo Armando con un destello en los ojos, "invertir en propiedades de Airbnb es un juego completamente diferente en comparación con las inversiones de bienes raícess tradicionales. Requiere un enfoque diferente, pero las recompensas pueden ser bastante sustanciales".

Mientras recorríamos la propiedad, compartió sus ideas y experiencias sobre la inversión en propiedades de Airbnb. Estas son las lecciones que aprendí de él, que desde entonces se han convertido en una parte integral de mi propia estrategia de inversión de bienes raíces.

Ubicación, Ubicación, Ubicación: La primera regla de la inversión de bienes raíces todavía se aplica a las propiedades de Airbnb. Armando enfatizó que una ubicación privilegiada es crucial para atraer huéspedes y mantener altas tasas de ocupación. Busca propiedades en destinos turísticos populares, cerca de lugares emblemáticos o en vecindarios de moda con fácil acceso al transporte público y servicios locales.

Atiende a tu mercado objetivo: Comprender las necesidades y deseos de tus posibles huéspedes es clave para administrar un alquiler de Airbnb exitoso. La propiedad de Armando, por ejemplo, fue diseñada específicamente para atraer a turistas que buscan una experiencia acogedora y auténtica en el corazón de San

Antonio. Seleccionó cuidadosamente los muebles, obras de arte y comodidades que harían que sus huéspedes se sintieran como en casa, ofreciéndoles al mismo tiempo una estadía única y memorable.

La calidad importa: Armando destacó la importancia de mantener un alto nivel de limpieza y calidad en tu alquiler de Airbnb. Una propiedad bien mantenida con comodidades modernas y detalles cuidadosos no solo atraerá más reservas, sino que también fomentará reseñas positivas, que son esenciales para el éxito en la plataforma.

Sé un gran anfitrión: En el mundo de Airbnb, ser un gran anfitrión es tan importante como tener una gran propiedad. Armando contrató a un equipo de gestión para que estuviera atento y respondiera a sus huéspedes, ofreciendo consejos y recomendaciones locales, e incluso proporcionando una cesta de bienvenida con aperitivos y delicatessen locales. Al ir más allá, pudo construir una clientela leal y garantizar un flujo constante de reservas.

Trátalo como un negocio: Por último, Armando enfatizó que para tener éxito en el mercado de Airbnb, uno debe tratarlo como un negocio en lugar de un pasatiempo. Esto significa llevar registros precisos, administrar gastos y buscar constantemente formas de mejorar tu propiedad y la experiencia del huésped.

A medida que comencé a implementar estas lecciones en mis propias inversiones en Airbnb, descubrí que contenían las claves del éxito en este nuevo y emocionante mercado.

Al seleccionar cuidadosamente ubicaciones privilegiadas, atender las necesidades de mis huéspedes, mantener propiedades de alta calidad y brindar hospitalidad excepcional, pude generar un flujo de ingresos significativo y diversificar aún más mi cartera de inversiones de bienes raícess.

Invertir en propiedades de Airbnb puede ser una adición lucrativa a tu estrategia de inversión de bienes raíces. Al comprender las dinámicas únicas del mercado de alquileres a corto plazo y aplicar las lecciones compartidas por Armando, tú también puedes desbloquear los secretos del éxito en esta industria en constante crecimiento. Mantén la mente abierta, adáptate al panorama siempre cambiante y esfuérzate siempre por brindar la mejor experiencia posible a tus huéspedes mientras te embarcas en este nuevo viaje.

A medida que navegues por el mundo de las inversiones en propiedades de Airbnb, recuerda las valiosas lecciones compartidas por Armando y las experiencias que han moldeado tu propia comprensión del mercado. Al comprometerte con la excelencia en cada aspecto de tu negocio de Airbnb, desde la ubicación y el diseño de tus propiedades hasta la calidad de la experiencia del huésped, construirás una base sólida para el éxito a largo plazo.

Afronta los desafíos y las recompensas que conlleva invertir en propiedades de Airbnb y continúa aprendiendo, adaptándote y creciendo tanto como inversionista como anfitrión. Al hacerlo, no solo crearás una fuente de ingresos rentable, sino que también contribuirás al vibrante y diverso mundo de los alquileres a corto plazo, haciendo posibles experiencias inolvidables para viajeros de todas las procedencias.

Al final, los verdaderos secretos del éxito en las inversiones en propiedades de Airbnb residen en tu dedicación, pasión y disposición para ir más allá por tus huéspedes.

Capítulo 30

Mantenimiento y Reparaciones

Fue una tarde lluviosa en San Antonio cuando recibí una llamada frenética de uno de mis inquilinos, quien me informó que se había reventado una tubería, causando que el agua brotara e inundara todo el lugar. Podía escuchar el pánico en su voz y sabía que tenía que actuar rápido para evitar más daños a la propiedad. Esta experiencia me recordó de manera contundente la importancia del mantenimiento y las reparaciones en el mundo de los bienes raíces.

Rápidamente llamé a mi contratista de confianza, Luis, quien había sido mi principal recurso para todo lo relacionado con el mantenimiento y las reparaciones de propiedades. A lo largo de los años, Luis se había convertido en un amigo cercano y un administrador de proyectos, compartiendo su amplio conocimiento sobre cómo mantener y reparar adecuadamente mis propiedades. Mientras evaluábamos los daños causados por la tubería reventada, me di cuenta de que este desafortunado incidente ofrecía valiosas lecciones en la gestión de propiedades que podía compartir con otros.

La prevención es clave: Luis explicó que el mantenimiento regular es crucial para prevenir reparaciones costosas y garantizar la longevidad de tus propiedades. Me aconsejó crear un programa de mantenimiento para cada propiedad, que incluya revisiones periódicas de la plomería, los sistemas eléctricos y las unidades de climatización. Al mantener un mantenimiento regular, a menudo puedes detectar pequeños problemas antes de que se conviertan en problemas grandes y costosos.

Construye una red confiable: Contar con una red confiable de profesionales, como Luis, puede ser un salvavidas cuando se trata del mantenimiento y las reparaciones de propiedades. Establece relaciones con contratistas de confianza, fontaneros, electricistas y otros proveedores de servicios que puedan responder de manera rápida y efectiva a las emergencias. Al cultivar estas conexiones, puedes asegurarte de que tus propiedades estén bien mantenidas y que tus inquilinos reciban una buena atención.

Destina fondos para reparaciones: Como inversionista en bienes raíces, es importante destinar una parte de tus ingresos para el mantenimiento y las reparaciones de propiedades. Luis sugirió crear un fondo de reserva dedicado que se pueda utilizar para abordar cualquier problema inesperado que surja. Esto no solo te brindará tranquilidad, sino que también protegerá tu inversión a largo plazo.

Comunícate con tus inquilinos: Un componente clave de una gestión exitosa de propiedades es mantener líneas abiertas de comunicación con tus inquilinos. Anímalos a informar cualquier problema de mantenimiento de inmediato y sé receptivo a sus preocupaciones. Al abordar los problemas de manera rápida y eficiente, puedes crear un ambiente de vida positivo para tus inquilinos y minimizar el riesgo de daños a tu propiedad.

Mantente informado sobre los códigos y regulaciones de construcción: Luis enfatizó la importancia de mantenerse actualizado sobre los códigos y regulaciones de construcción locales. Este conocimiento puede ayudarte a garantizar que tus propiedades cumplan con los estándares de seguridad, previniendo posibles multas y problemas legales. También te permite tomar decisiones informadas en cuanto a mejoras y renovaciones de propiedades.

Mientras trabajaba junto a Luis para reparar los daños causados por la tubería reventada, estaba agradecido por las lecciones que había compartido conmigo. Estos conocimientos no solo me han ayudado a mantener mis propiedades de manera más efectiva, sino que también me han ahorrado mucho tiempo, dinero y estrés.

El mantenimiento y las reparaciones adecuadas son componentes esenciales de una inversión exitosa en bienes raíces. Al priorizar la prevención, construir una red confiable, destinar fondos para reparaciones, comunicarte con tus inquilinos y mantenerte informado sobre los códigos y regulaciones de construcción, puedes proteger tus inversiones y maximizar su valor.

Recuerda que una propiedad bien mantenida no solo es más atractiva para posibles inquilinos y compradores, sino que también tiene más probabilidades de valorizarse con el tiempo. Al aplicar las lecciones de este capítulo, puedes descubrir los secretos del éxito en la gestión de propiedades y asegurar la rentabilidad a largo plazo de tus inversiones en bienes raíces.

Capítulo 31

Comparables de Propiedades

Todavía recuerdo el día en que me topé con una aparente oportunidad perfecta de inversión en bienes raíces. Era una encantadora casa bien cuidada en un vecindario deseable, con un precio que parecía demasiado bueno para ser verdad. Emocionado por la perspectiva, llamé de inmediato a mi mentor, Tom, un experimentado inversor en bienes raíces, para compartir mis descubrimientos.

Tom escuchó atentamente mientras yo relataba emocionado los detalles de la propiedad, y luego me dijo con calma: "Alberto, antes de tomar cualquier decisión, primero debes entender los comparables de propiedades en la zona. Esa es la única manera de saber realmente si esta es una buena inversión".

Intrigado por sus palabras, le pedí a Tom que me explicara el concepto de comparables de propiedades y cómo podrían ayudarme en mi camino como inversionista en bienes raíces. Aceptó reunirse conmigo en una steakhouse local del centro para compartir su sabiduría, y aquí están las lecciones que aprendí de él ese día.

Entendiendo los Comparables de Propiedades: Tom explicó que los comparables de propiedades, abreviados como "comps", son propiedades recientemente vendidas o listadas que son similares a la que estás considerando para invertir. Ayudan a determinar el valor de mercado justo de una propiedad al compararla con propiedades similares en la misma zona, teniendo en cuenta factores como tamaño, antigüedad, estado y ubicación.

Recopilando Comps Precisos: Para recopilar comparables de propiedades precisos, Tom me aconsejó que me enfocara en propiedades que se hayan vendido en los últimos seis meses y que estén ubicadas a menos de una milla de la propiedad que estaba considerando. Además, sugirió utilizar recursos en línea como sitios web de bienes raíces y servicios de listado múltiple (MLS) locales para encontrar datos relevantes.

Analizando los Comps: Una vez que hayas recopilado una lista de comparables, Tom enfatizó la importancia de analizar los datos para determinar el valor real de la propiedad. Sugirió buscar tendencias en los datos, como si los precios están aumentando o disminuyendo, y ajustar el valor de la propiedad en consecuencia.

Haciendo Ajustes: Tom señaló que ninguna propiedad es exactamente igual a otra, por lo que es esencial hacer ajustes por cualquier diferencia entre la propiedad que estás considerando y los comparables. Por ejemplo, si tu propiedad tiene un tamaño de lote más grande o una habitación adicional, debes ajustar el valor al alza. Por el contrario, si la propiedad está en peor estado o tiene menos comodidades, debes ajustar el valor a la baja.

La Importancia del Momento: Tom también enfatizó la importancia del momento en lo que respecta a los comparables de propiedades. Explicó que los mercados de bienes raícess pueden ser cíclicos y es crucial considerar cómo las condiciones actuales del mercado pueden afectar el valor de la propiedad. Al comprender las tendencias del mercado, puedes tomar mejores decisiones sobre cuándo comprar o vender una propiedad.

Usando los Comps en las Negociaciones: Armado con el conocimiento de los comparables de propiedades, puedes utilizar esta información a tu favor durante las negociaciones. Tom explicó que al presentar comparables precisos a los vendedores, puedes justificar tu oferta y potencialmente asegurar un mejor trato.

Aprendiendo de los Comps: Finalmente, Tom sugirió que los comparables de propiedades pueden servir como una herramienta invaluable de aprendizaje para los inversionistas en bienes raíces. Al analizar regularmente los comps, puedes obtener una comprensión más profunda de tu mercado local e identificar tendencias que te ayuden a tomar decisiones de inversión más inteligentes.

Después de nuestra conversación, apliqué con entusiasmo las lecciones que aprendí de Tom a la propiedad que estaba considerando. Al analizar los comparables, descubrí que la propiedad estaba efectivamente subvaluada y pude negociar un precio de compra favorable.

Entender y utilizar los comparables de propiedades es una habilidad esencial para cualquier inversionista en bienes raíces. Al recopilar datos precisos, analizar tendencias, realizar ajustes y utilizar los comparables en las negociaciones, puedes tomar decisiones de inversión informadas y maximizar el potencial de retorno de tus inversiones.

Recuerda que en el mundo de la inversión en bienes raíces, el conocimiento es poder. Al dominar el arte de los comparables de propiedades, puedes descubrir los secretos de las valoraciones de propiedades exitosas y asegurarte de tomar las decisiones correctas para construir tu imperio en bienes raíces. Las lecciones compartidas por Tom no solo te ayudarán a evaluar con precisión el valor de las inversiones potenciales, sino que también te proporcionarán una comprensión más profunda de tu mercado local, lo que te permitirá tomar decisiones estratégicas que contribuyan a tu éxito a largo plazo.

Por lo tanto, mientras continúas tu camino en la inversión en bienes raíces, recuerda siempre priorizar la importancia de los comparables de propiedades. Al hacerlo, obtendrás información invaluable sobre el mercado y desarrollarás un ojo agudo para identificar oportunidades lucrativas. Con dedicación, perseverancia y la aplicación de estas lecciones, podrás descubrir los secretos de las valoraciones de propiedades exitosas y, en última instancia, construir una cartera en bienes raíces próspera.

Capítulo 32

Marketing y Publicidad

Después de haber tenido algunos exitosos proyectos de inversión de bienes raíces, me encontraba ansioso por asumir un nuevo desafío. Compré una encantadora propiedad de la cual estaba seguro de que atraería inquilinos fácilmente. Sin embargo, pasaron semanas y la propiedad permaneció vacía. Sintiéndome desanimado, recurrí a mi amiga Nicole, una experta en marketing y publicidad, en busca de orientación.

Nicole me explicó que incluso las propiedades más atractivas pueden pasar desapercibidas sin las estrategias adecuadas de marketing y publicidad. Ella compartió sus conocimientos sobre los pasos esenciales para promocionar de manera efectiva mis inversiones de bienes raícess, y aquí están las lecciones clave que aprendí ese día.

Conoce a tu público objetivo: Nicole enfatizó la importancia de comprender las características demográficas y las preferencias de mi público objetivo. Me aconsejó considerar factores como la edad, los ingresos, el tamaño de la familia y el estilo de vida al crear materiales de marketing. Al adaptar mi mensaje para conectar con el público adecuado, podía aumentar las posibilidades de atraer inquilinos o compradores potenciales.

Crea una marca sólida: Para destacar mi propiedad en un mercado competitivo, Nicole sugirió construir una marca sólida que fuera fácilmente reconocible y memorable. Me aconsejó desarrollar una combinación de colores consistente, un logotipo y un eslogan que representaran las características únicas de mi propiedad. Al establecer una marca sólida, podía crear una impresión duradera en los posibles inquilinos o compradores.

Utiliza múltiples canales: Nicole recomendó utilizar una variedad de canales de marketing para llegar a mi público objetivo. Sugirió una combinación de métodos en línea y fuera de línea, como publicar mi propiedad en sitios web populares de bienes raíces, crear contenido atractivo en redes sociales y distribuir folletos llamativos en la comunidad local. Al aprovechar múltiples canales, podía aumentar la visibilidad de mi propiedad y llegar a un público más amplio.

Imágenes de alta calidad: Nicole enfatizó la importancia de imágenes de alta calidad para mostrar las mejores características de mi propiedad. Recomendó contratar a un fotógrafo profesional para capturar imágenes impresionantes e incluso sugirió crear un recorrido virtual para brindar una experiencia más inmersiva a los posibles inquilinos o compradores. Al invertir en imágenes de alta calidad, podía resaltar de manera efectiva los puntos de venta únicos de mi propiedad.

Crea descripciones persuasivas: Para despertar el interés de los posibles inquilinos o compradores, Nicole me aconsejó crear descripciones persuasivas de la propiedad que resaltaran los beneficios de vivir en mi propiedad. Sugirió enfocarse en las características únicas de la propiedad, como su ubicación, comodidades o mejoras recientes. Al crear descripciones cautivadoras, podía atraer a los posibles inquilinos o compradores para que investigaran más a fondo.

Construye una reputación positiva: Nicole me recordó que el boca a boca sigue siendo una de las formas más poderosas de publicidad. Me animó a mantener una comunicación abierta con mis inquilinos, atender sus inquietudes de manera rápida y solicitar opiniones o testimonios de inquilinos o compradores satisfechos. Al fomentar una reputación positiva, podía atraer nuevos inquilinos o compradores a través de referencias y recomendaciones.

Tomando en cuenta los consejos de Nicole, implementé las estrategias de marketing y publicidad que habíamos discutido. En poco tiempo, comencé a ver un aumento significativo en el interés por mi propiedad y pronto logré conseguir un inquilino.

En conclusión, el marketing y la publicidad efectivos son componentes críticos de una inversión de bienes raíces exitosa. Al comprender a tu público objetivo, construir una marca sólida, utilizar múltiples canales, invertir en imágenes de alta calidad, crear descripciones persuasivas y desarrollar una reputación positiva, puedes atraer a posibles inquilinos o compradores y maximizar el potencial de tu propiedad.

Recuerda que incluso las inversiones de bienes raícess más impresionantes pueden quedarse cortas sin las estrategias adecuadas de marketing y publicidad. Al aplicar las lecciones compartidas por Nicole, puedes descubrir los secretos para destacar tus propiedades y construir una cartera de bienes raíces próspera.

Capítulo 33

Estrategias de Salida

Al crecer en una familia hispana, recuerdo a mi madre y a mi abuelo hablar sobre la importancia de trabajar arduamente y ser dueño de una casa. Ellos creían que ser propietario de una vivienda era el símbolo máximo del éxito y una manera segura de construir riqueza.

Años después, como un exitoso inversionista en bienes raíces, me he dado cuenta de que hay más en el mercado de bienes raíces que simplemente ser dueño de una casa. Hay innumerables formas de generar riqueza a través de los bienes raíces, y uno de los aspectos más importantes de cualquier inversión en bienes raíces es saber cuándo y cómo salir de ella.

En mis capítulos anteriores, compartí con ustedes algunos de los "Secretos Básicos de Bienes Raíces que No Quieren que Conozcas". Hablé sobre cómo encontrar las mejores oportunidades, negociar los mejores términos y administrar las propiedades de manera eficiente. Pero ahora es momento de discutir la pieza final del rompecabezas: la estrategia de salida.

Una estrategia de salida es tu plan para deshacerte de una inversión y aprovechar los beneficios de tu arduo trabajo. Es el momento en el que conviertes tus beneficios teóricos en dinero real. Y al igual que mi madre y mi abuelo me enseñaron, es crucial tener un plan.

Voltear Propiedades. Una de las estrategias de salida más populares para los inversionistas en bienes raíces es voltear propiedades. Voltear implica comprar una propiedad, hacer mejoras y luego venderla con ganancias en un corto periodo de tiempo. Esta estrategia funciona mejor en un mercado en alza, donde los valores de las propiedades están aumentando rápidamente.

Si decides voltear una propiedad, asegúrate de hacer una debida diligencia. Estima los costos de reparaciones y mejoras, y considera los costos de mantener la propiedad, como impuestos, seguros e intereses de tu préstamo. Ten en cuenta que cuanto más rápido puedas voltear la propiedad, mejores serán los márgenes de ganancia.

Refinanciamiento es otra estrategia de salida popular que te permite extraer el capital acumulado en tu propiedad sin venderla. Al refinanciar tu hipoteca, puedes acceder al valor aumentado de tu propiedad y utilizar los fondos para invertir en otras oportunidades o mejorar tu propiedad actual.

Recuerda que el refinanciamiento conlleva costos, como cargos por cierre y pagos de intereses, así que asegúrate de sopesar los beneficios frente a los costos antes de tomar una decisión.

Opciones de Arrendamiento. Una opción de arrendamiento es un acuerdo que le otorga al inquilino el derecho de comprar la propiedad a un precio predeterminado dentro de un período de tiempo específico. Esta puede ser una gran estrategia de salida para los inversionistas que desean asegurar una ganancia pero están dispuestos a esperar a que el inquilino ejerza su opción de compra.

Cuando entres en un acuerdo de opción de arrendamiento, asegúrate de establecer un precio de compra que considere la apreciación potencial y negocia términos favorables que protejan tus intereses.

Vendedor Financiamiento es una estrategia de salida en la cual el inversionista actúa como el banco, prestando dinero al comprador para adquirir la propiedad. Esta puede ser una opción atractiva para los inversionistas que desean obtener ganancias de su propiedad pero no pueden encontrar un comprador tradicional.

Al ofrecer financiamiento al comprador, puedes atraer a más interesados y negociar un precio de venta más alto. Sin embargo, ten en cuenta que existen riesgos, como el incumplimiento del pago por parte del comprador o posibles daños a la propiedad. Para mitigar estos riesgos, asegúrate de evaluar minuciosamente a los posibles compradores, establecer tasas de interés adecuadas y solicitar un pago inicial sustancial.

Intercambio 1031. Un intercambio 1031 es una estrategia de salida diferida de impuestos que permite a los inversionistas intercambiar una propiedad de inversión por otra sin incurrir en impuestos sobre las ganancias de capital. Al utilizar un intercambio 1031, puedes aprovechar el capital acumulado en tu propiedad existente para adquirir una propiedad más valiosa, haciendo crecer así tu cartera de bienes raíces y posponiendo el pago de impuestos sobre tus ganancias.

Para aprovechar un intercambio 1031, es esencial seguir las estrictas pautas del Servicio de Impuestos Internos (IRS, por sus siglas en inglés), como identificar una propiedad de reemplazo de tipo similar dentro de los 45 días y cerrar la compra de la nueva propiedad dentro de los 180 días. Consultar con un profesional de impuestos o un intermediario calificado puede ayudarte a navegar correctamente este proceso.

Mayorista es una estrategia de salida en la cual un inversionista asegura un contrato de propiedad y luego lo asigna o vende a otro inversionista por una tarifa. Esta puede ser una opción atractiva para aquellos que buscan obtener ganancias rápidas sin ser propietarios o administrar la propiedad.

Si decides realizar una venta mayorista de una propiedad, asegúrate de construir una sólida red de posibles compradores y tener un claro entendimiento del valor de la propiedad y las mejoras potenciales. Tu objetivo es encontrar ofertas con un margen de ganancia suficiente tanto para ti como para el inversor final.

Saber cuándo y cómo salir de tus inversiones en bienes raíces es tan importante como saber cómo adquirirlas y administrarlas. Tener una estrategia de salida clara te permitirá tomar decisiones informadas y maximizar tus ganancias.

Capítulo 34

Mayorista Comercial

Mientras paseaba por las bulliciosas calles de San Antonio, el murmullo de las conversaciones y los rítmicos sonidos de la música de Fiesta llenaban el aire. Un letrero de neón llamó mi atención, proyectando una cálida luz sobre los elegantes ventanales de un edificio comercial. Mi mente divagó hacia el tema de la venta mayorista comercial y cómo ha transformado mi trayectoria en bienes raíces.

Hace años, mi mentor Tom, un hábil y perspicaz hombre de negocios, me invitó a almorzar en su steak house favorito en el corazón de San Antonio. Mientras el mesero nos traía nuestros filetes, se acercó más y susurró: "Alberto, estoy a punto de revelarte un secreto que cambiará tu enfoque sobre los bienes raíces". Intrigado, escuché atentamente mientras Tom me presentaba el mundo de la venta mayorista comercial.

"La venta mayorista comercial", explicó, "es una estrategia utilizada para conectar a vendedores de propiedades comerciales con posibles compradores sin tomar realmente posesión de la propiedad. Es un método de inversión de bajo riesgo y alta recompensa que ha hecho ricos a muchos inversionistas inteligentes, como yo".

Continuó: "La clave está en encontrar propiedades comerciales a un precio reducido, asegurarlas bajo contrato y luego asignar rápidamente el contrato a un comprador final para obtener ganancias". Mientras discutíamos los matices de la venta mayorista comercial, comencé a comprender que esta estrategia era realmente uno de los secretos mejor guardados en la industria de los bienes raíces.

Mi camino hacia la venta mayorista comercial comenzó con la investigación. Pasé incontables horas estudiando libros, asistiendo a seminarios y conversando con inversionistas experimentados como Tom. Cada vez que obtenía una pequeña perla de sabiduría, mi pasión por la inversión en bienes raíces se hacía más fuerte.

En una soleada tarde, me reuní con una agente de bienes raíces local especializada en propiedades comerciales. "En la venta mayorista comercial", dijo, "necesitarás construir una sólida red de compradores y vendedores. Un inversionista bien conectado es imparable en este juego".

Tomando su consejo en serio, comencé a asistir a eventos de networking y a forjar relaciones con personas de ideas afines. Incluso me conecté con otros mayoristas que estaban ansiosos por compartir sus experiencias y colaborar en negocios.

A medida que mi red crecía, también lo hacían mis oportunidades. Pronto encontré una propiedad comercial que era ideal para la venta mayorista: un edificio de oficinas en mal estado pero ubicado en un lugar privilegiado. El propietario estaba ansioso por vender, y negocié un contrato favorable. Con mis nuevas conexiones, pude encontrar rápidamente a un inversor interesado en comprar la propiedad.

En el día del cierre, sentí una mezcla de emoción y ansiedad. Mientras el comprador final firmaba los documentos finales, me di cuenta de que había completado con éxito mi primer negocio de venta mayorista comercial. El secreto de Tom había abierto un mundo de posibilidades para mí, y estaba ansioso por seguir explorando esta estrategia lucrativa.

La venta mayorista comercial se ha convertido desde entonces en una parte integral de mi carrera como inversionista de bienes raíces. He cerrado numerosos tratos y mi red de compradores y vendedores se ha expandido exponencialmente. Con cada transacción, he aprendido lecciones valiosas y perfeccionado mis habilidades como inversionista en bienes raíces.

Al compartir mi experiencia, espero inspirar a otros a explorar el mundo de la venta mayorista comercial. Las oportunidades son infinitas para aquellos dispuestos a esforzarse y desarrollar sus redes. Como dijo Tom una vez: "La clave del éxito en bienes raíces es siempre aprender, crecer y no tener miedo de perseguir nuevas estrategias".

Así que, mis compañeros inversionistas, los animo a salir de su zona de confort y adentrarse en el mundo de la venta mayorista comercial. ¿Quién sabe? Podría ser el secreto que los catapulte hacia el éxito en bienes raíces. Y recuerden siempre que hay innumerables "Secretos Básicos de Bienes Raíces que No Quieren que Sepas" esperando ser descubiertos.

Mientras continuaba mi paseo por las concurridas calles, el letrero de neón era ahora solo un recuerdo difuso, sonreí sabiendo que había descubierto uno de los secretos más poderosos de la industria de bienes raíces.

La vibrante ciudad de San Antonio, con su rica cultura y próspero panorama empresarial, se había convertido en el escenario perfecto para mis aventuras en la venta mayorista comercial. Y con la guía de mi mentor, Tom, estaba en camino de forjar una exitosa carrera en la inversión de bienes raíces.

Capítulo 35

Estrategias Fiscales para Inversionistas en Bienes Raíces

Era un caluroso día de verano y estaba sentado frente a mi contador, mirando una pila de papeles en su escritorio. Temía tener que pagar impuestos exorbitantes por mis inversiones en bienes raíces. Sin embargo, mi contador, quien también era un experimentado inversionista en bienes raíces, se inclinó hacia mí y dijo: "Alberto, hay formas de minimizar legalmente tus impuestos y maximizar tus ganancias".

Me incliné hacia adelante, ansioso por escuchar su consejo. Comenzó a explicar las diversas estrategias fiscales que los inversionistas en bienes raíces utilizan para minimizar su carga tributaria. "Una de las estrategias más poderosas", dijo, "es el uso de la depreciación. La depreciación es el proceso de deducir el costo de tu propiedad a lo largo de varios años. Esto significa que puedes compensar tus ingresos de alquiler con deducciones por depreciación y otros gastos, reduciendo tu carga tributaria total".

También mencionó los beneficios de invertir en un IRA de bienes raíces, lo que permite a los inversionistas diferir los impuestos sobre sus ganancias hasta que retiren los fondos en la jubilación. "Al invertir en un IRA de bienes raíces", explicó, "puedes acumular riqueza mientras minimizas tus impuestos y aseguras tu futuro financiero".

Al salir de la oficina de mi contador, me di cuenta de que apenas había comenzado a explorar las muchas estrategias fiscales disponibles para los inversionistas en bienes raíces. Comencé a investigar más sobre el tema, leyendo libros y asistiendo a seminarios para ampliar mis conocimientos.

Un día, conocí a un exitoso inversionista en bienes raíces llamado Robert en un evento de networking. Mientras conversábamos, mencionó que había implementado una estrategia fiscal llamada segregación de costos. "La segregación de costos es un proceso", dijo, "donde desglosas los componentes de tu propiedad en vidas útiles de depreciación más cortas, lo que te permite tomar mayores deducciones fiscales de manera anticipada".

Me fascinó esta estrategia y comencé a investigarla más a fondo. La segregación de costos me permitió reclasificar ciertos componentes de mis propiedades, como alfombras, electrodomésticos e iluminación, como propiedad personal, lo cual se puede depreciar en un plazo más corto que el propio edificio. Esto me permitió tomar mayores deducciones fiscales anticipadas y aumentar mi flujo de efectivo general.

Otra estrategia fiscal que descubrí fue el intercambio 1031. Esta estrategia me permitió diferir el pago de impuestos sobre las ganancias de la venta de una propiedad al utilizar los ingresos para comprar otra propiedad de igual o mayor valor. Al hacerlo, pude continuar construyendo mi cartera de bienes raíces mientras minimizaba mi carga tributaria.

A medida que seguía explorando el mundo de las estrategias fiscales para inversionistas en bienes raíces, me di cuenta de que había innumerables oportunidades para minimizar legalmente mi carga tributaria y aumentar mi rentabilidad general. La clave era mantenerme informado y educado, buscando constantemente nuevas estrategias y oportunidades.

Y con las estrategias fiscales adecuadas en su lugar, los inversionistas en bienes raíces como usted pueden lograr la libertad financiera y construir riqueza generacional. Al minimizar su carga tributaria, puede reinvertir sus ganancias en su cartera de bienes raíces, lo que le permite hacer crecer su riqueza y expandir sus negocios.

Tómese el tiempo para aprender sobre las estrategias fiscales para inversionistas en bienes raíces. Busque el consejo de profesionales experimentados como mi contador y Robert, y manténgase actualizado sobre las últimas leyes y regulaciones fiscales. Al hacerlo, puede asegurarse de maximizar sus ganancias y minimizar su carga tributaria, allanando el camino hacia un futuro exitoso y próspero en la inversión en bienes raíces.

Recuerde, siempre hay "Secretos Básicos del Mercado de Bienes Raíces que No Quieren que Sepas" esperando ser descubiertos, y las estrategias fiscales para inversionistas en bienes raíces son uno de los secretos más poderosos de todos. Así que no espere más, comience a implementar estas estrategias hoy y observe cómo crece su cartera de bienes raíces y se expande su riqueza.

Capítulo 36

Invertir en una Economía Cambiante

Mientras me sentaba y abría mi computadora portátil para revisar mis correos electrónicos, no pude evitar admirar el paisaje urbano en constante evolución fuera de la ventana. El pensamiento me golpeó de que el cambio es verdaderamente la única constante en la vida, y esto es especialmente cierto al considerar la economía.

Cuando comencé a sumergirme en el mundo de la inversión en bienes raíces, rápidamente me di cuenta de que la economía desempeñaba un papel crucial en el éxito de mis proyectos. Para sobresalir verdaderamente en este campo, uno debe aprender a adaptarse y tomar decisiones inteligentes ante los flujos económicos.

En mi viaje, he sido bendecido con dos mentores influyentes. El primero, a quien llamaré Armando, era un próspero inversionista en bienes raíces. El segundo, mi amada madre, era una mujer cautelosa que encontraba seguridad en un trabajo estable y un ingreso predecible. Cada uno de ellos me transmitió lecciones valiosas, y sus puntos de vista contrastantes me ayudaron a comprender el dinero y la inversión.

Una tarde lluviosa, Armando me invitó a acompañarlo en una visita a una de sus propiedades. Mientras paseábamos por el vecindario, observé que muchas de las casas tenían similitudes sorprendentes entre sí. Pregunté si esto era ventajoso o desventajoso. Con una risa, Armando respondió: "No es ni bueno ni malo. Es simplemente un reflejo de los tiempos".

Procedió a explicar que durante los periodos de crecimiento económico, se construyen nuevas viviendas rápidamente y a menudo tienen diseños similares. Por otro lado, durante las recesiones económicas, los proyectos de construcción se desaceleran y el mercado de bienes raíces se vuelve cada vez más competitivo. "La economía se asemeja a las estaciones", dijo. "Hay períodos de crecimiento y períodos de estancamiento, y como inversionista, debes aprender a adaptarte a estos cambios".

Mi madre, por otro lado, percibía la economía desde un ángulo diferente. Creía que invertir en bienes raíces era demasiado peligroso, especialmente en tiempos de incertidumbre. La seguridad de un trabajo estable e ingreso fijo era su preferencia. "¿Por qué arriesgar tu dinero ganado con tanto esfuerzo?" solía advertir.

A pesar de sus posturas opuestas, tanto Armando como mi madre tenían puntos válidos. Comprendí que, para ser un inversionista en bienes raíces exitoso, necesitaba encontrar un equilibrio entre sus dos perspectivas.

Entonces, ¿cómo se invierte en una economía cambiante? Aquí hay varias lecciones que he aprendido de mis experiencias:

Diversifica tus inversiones: Evita poner todos tus huevos en una sola canasta. Distribuye tus inversiones entre varios tipos de propiedades y ubicaciones para ayudar a mitigar los riesgos asociados con las fluctuaciones económicas.

Mantente informado: Mantente al tanto de las tendencias del mercado, las políticas gubernamentales y otros factores que podrían impactar el mercado de bienes raíces. Esto te permitirá tomar decisiones más informadas y adaptarte a los cambios de manera más efectiva.

Sé proactivo: Los inversionistas exitosos siempre están buscando nuevas oportunidades. Mantente activo en tu comunidad de bienes raíces local, asiste a seminarios y establece contactos con otros inversionistas para conocer vecindarios emergentes y posibles negocios.

Enfócate en el flujo de efectivo: Prioriza las propiedades que generan flujos de efectivo positivos en lugar de aquellas que solo prometen apreciación. Esto te proporcionará un flujo de ingresos constante, independientemente de las condiciones del mercado.

Practica la debida diligencia: No te apresures en las inversiones ni tomes decisiones impulsivas. Analiza diligentemente cada oportunidad y asegúrate de que se alinee con tus objetivos financieros y tolerancia al riesgo.

Aprovecha tu red de contactos: Rodearte de personas conocedoras, como agentes de bienes raícess, administradores de propiedades y otros inversionistas, puede brindarte información valiosa y ayudarte a navegar por el panorama en constante cambio de la inversión en bienes raíces.

Desarrolla una mentalidad adaptable: La capacidad de adaptarse a los cambios en la economía es crucial para el éxito a largo plazo en la inversión en bienes raíces. Cultiva una mentalidad que abrace el cambio y se mantenga abierta a nuevas estrategias e ideas.

La clave para invertir en una economía cambiante radica en la adaptabilidad, la resistencia y la disposición para aprender. Al incorporar estos principios en tu estrategia de inversión, estarás mejor preparado para navegar por los altibajos del mercado y descubrir los secretos del éxito en la inversión en bienes raíces. Como una vez sabiamente me dijo Armando: "La economía es como las estaciones del año, y el inversionista astuto sabe cómo aprovechar al máximo cada una".

Recuerda que la prudencia y los riesgos calculados son elementos esenciales en tu viaje en bienes raíces. Al encontrar el equilibrio entre la sabiduría de Armando y la guía cautelosa de mi madre, he logrado construir una cartera de inversiones rentable y duradera. Aprovecha la naturaleza siempre cambiante de la economía y utilízala como una oportunidad para crecer y tener éxito en el mundo de la inversión en bienes raíces.

Capítulo 37

El Futuro de los Bienes Raíces

Recuerdo una conversación que tuve con uno de mis mentores, Armando, hace muchos años. Estábamos sentados en su oficina, mientras él hablaba sobre el panorama en constante cambio de los bienes raíces, y entonces dijo: "El futuro de los bienes raíces será moldeado por aquellos que puedan adaptarse, innovar y abrazar los cambios que se presenten".

Sus palabras han resonado en mí a lo largo de mi trayectoria en la inversión de bienes raíces. El futuro es incierto, pero con la mentalidad y el enfoque correctos, uno puede prosperar en esta industria en constante evolución.

En este capítulo, compartiré mis reflexiones sobre el futuro de los bienes raíces y algunas estrategias esenciales para navegar por las aguas desconocidas que se avecinan.

Uno de los cambios más significativos en la industria de los bienes raíces en los últimos años ha sido el auge de la tecnología. Desde recorridos virtuales y transacciones digitales hasta inteligencia artificial y big data, la tecnología está transformando la forma en que compramos, vendemos y gestionamos propiedades.

Como inversor de bienes raíces, es crucial mantenerse informado sobre las tecnologías emergentes y adaptarlas a tu favor. Por ejemplo, aprovechar las plataformas en línea para listados de propiedades, investigación y networking puede brindarte una ventaja competitiva en el mercado.

Además, mantenerse al día con los avances tecnológicos te permitirá anticipar y adaptarte a nuevas tendencias, aumentando así la eficiencia y rentabilidad de tus inversiones.

Otra tendencia que está moldeando el futuro de los bienes raíces es el creciente énfasis en la sostenibilidad. Cada vez más personas están tomando conciencia ambiental, lo que se refleja en sus preferencias por hogares y comunidades ecológicas.

Como inversor, es esencial considerar el valor a largo plazo de las características sostenibles en tus propiedades. Al incorporar electrodomésticos eficientes en el consumo de energía, paneles solares o materiales de construcción ecológicos, puedes atraer inquilinos y compradores conscientes del medio ambiente, al mismo tiempo que potencialmente reduces los costos operativos e incrementas el valor de la propiedad.

La población mundial se está urbanizando cada vez más, con más personas trasladándose a las ciudades en busca de oportunidades laborales y una mejor calidad de vida. Esta tendencia tiene implicaciones significativas para los inversores de bienes raícess.

A medida que las ciudades continúan creciendo, aumentará la demanda de viviendas asequibles, desarrollos de uso mixto y soluciones innovadoras de vivienda. Los inversores que puedan identificar estas oportunidades y desarrollar propiedades que se adapten a las necesidades cambiantes de los habitantes urbanos estarán bien posicionados para el éxito en el futuro.

Además, los cambios demográficos, como el envejecimiento de la población y el creciente número de trabajadores remotos, afectarán los tipos de propiedades demandadas. Mantenerse atento a estos cambios y ajustar tu estrategia de inversión en consecuencia será fundamental para el éxito a largo plazo.

Como bien dijo Armando, el futuro de los bienes raíces está en manos de aquellos que pueden adaptarse, innovar y abrazar el cambio. La capacidad de anticiparse y ajustarse a las tendencias del mercado, las nuevas tecnologías y las preferencias cambiantes de los consumidores será fundamental para los inversores exitosos en los años venideros.

En el mundo en constante cambio de los bienes raíces, la incertidumbre económica es inevitable. Sin embargo, los inversores exitosos comprenden la importancia de la resiliencia y la flexibilidad al enfrentar condiciones de mercado desafiantes.

En tiempos de turbulencia económica, es esencial adoptar una perspectiva a largo plazo y evitar tomar decisiones impulsivas basadas en fluctuaciones a corto plazo. Al centrarse en fundamentos como el flujo de efectivo, la ubicación de la propiedad y la calidad, se puede sobrellevar las tormentas económicas y salir fortalecido cuando las condiciones mejoren.

Finalmente, el futuro de la inversión de bienes raíces está en manos de aquellos que se comprometen con el aprendizaje continuo y la mejora constante. A medida que la industria evoluciona, también deben evolucionar tus conocimientos y habilidades.

Invierte en tu educación asistiendo a seminarios, leyendo libros y buscando mentoría de inversores experimentados. Acepta nuevas estrategias y técnicas, y esté dispuesto a salir de tu zona de confort para explorar territorios desconocidos en el mundo de la inversión de bienes raíces.

Mientras reflexiono sobre mi trayectoria en la inversión de bienes raíces, me recuerdo de la sabiduría que Armando compartió conmigo hace muchos años. El futuro de los bienes raíces de verdad está moldeado por aquellos que pueden adaptarse, innovar y abrazar los cambios que se presentan.

Si bien el camino por delante puede estar lleno de incertidumbres y desafíos, las oportunidades de crecimiento y éxito son ilimitadas para aquellos que se atreven a soñar, aprender y evolucionar.

Acepta el futuro de los bienes raíces con una mente abierta y un espíritu resiliente, y descubrirás los secretos que no quieren que sepas.

Capítulo 38

Expande tu Negocio de Bienes Raíces

Era una tarde de lunes, mientras conducía por el lado noreste de San Antonio inspeccionando mis propiedades, recibí una llamada de mi amigo y mentor, Tom. Estaba en la ciudad y quería ponerse al día durante el almuerzo. Acepté con gusto su invitación, ansioso por discutir mis recientes éxitos en el mundo de la inversión en bienes raíces.

Mientras nos sentábamos en un restaurante de tacos local, Tom me preguntó sobre mi progreso y cómo estaban yendo mis inversiones. Compartí entusiastamente los detalles de mi creciente cartera y él escuchó atentamente, asintiendo en aprobación.

Después de un momento de reflexión, Tom me miró a los ojos y dijo: "Es hora de expandir tu negocio". Me intrigó su sugerencia, pero estaba indeciso acerca del camino a seguir. Percibiendo mi vacilación, procedió a compartir conocimientos invaluables que transformarían mi viaje en la inversión en bienes raíces. Los consejos de Tom sobre cómo expandir mi negocio de bienes raíces giraron en torno a siete estrategias clave:

Construye una base sólida. Para expandir con éxito tu negocio de bienes raíces, primero debes asegurarte de tener una base sólida. Esto implica perfeccionar tus habilidades, comprender las tendencias del mercado y dominar el arte de hacer tratos. Solo cuando tengas un firme dominio de los fundamentos podrás expandir tu cartera con confianza y asumir proyectos más significativos.

Desarrolla una mentalidad de crecimiento. Expandir un negocio de bienes raíces requiere una creencia inquebrantable en tu capacidad para crecer y tener éxito. Tom enfatizó la importancia de una mentalidad de crecimiento, instándome a desafiar las limitaciones autoimpuestas y abrazar la idea de que puedo alcanzar incluso mayores logros.

Al cultivar una mentalidad de crecimiento, estarás mejor preparado para enfrentar obstáculos, aprender de tus errores y aprovechar las oportunidades para expandir tu negocio.

Sistematiza y delega. A medida que tu negocio de bienes raíces crece, gestionar cada aspecto de tus inversiones puede volverse cada vez más desafiante. Tom me recomendó crear sistemas para agilizar mis procesos y delegar tareas a profesionales competentes.

Contratar a un administrador de propiedades, por ejemplo, puede aliviar la carga de la gestión diaria y permitirte centrarte en aspectos más estratégicos de tu negocio. Del mismo modo, contar con la ayuda de un agente de bienes raíces o un contador puede liberar tu tiempo para buscar nuevas oportunidades y explorar estrategias de inversión innovadoras.

Diversifica tu cartera. Expandir tu negocio de bienes raíces no solo implica adquirir más propiedades, sino también diversificar tu cartera para minimizar riesgos y maximizar ganancias. Tom me alentó a explorar diferentes tipos de propiedades, como bienes raíces comerciales, alquileres vacacionales o viviendas multifamiliares.

Al diversificar tus inversiones, podrás mitigar el impacto de las fluctuaciones del mercado y crear múltiples fuentes de ingresos para respaldar el crecimiento de tu negocio.

Aprovecha tu red de contactos. Tom enfatizó la importancia de aprovechar tu red de contactos para respaldar tus esfuerzos de expansión. Me recordó que el negocio de bienes raíces se basa en las relaciones y que mis conexiones con otros inversionistas, agentes y profesionales de la industria podrían ser fundamentales para mi crecimiento.

Al cultivar relaciones, asistir a eventos de networking y colaborar con personas afines, podrás acceder a nuevas oportunidades y obtener conocimientos valiosos para impulsar el crecimiento de tu negocio.

Invierte en educación. La educación continua es crucial para mantenerte a la vanguardia en la industria de bienes raíces. Tom me instó a invertir en mi conocimiento asistiendo a seminarios, talleres y cursos que me ayudarían a convertirme en un mejor inversionista.

Al aprender constantemente y mantenerme actualizado con las últimas tendencias y estrategias, estaré mejor preparado para identificar y aprovechar nuevas oportunidades de crecimiento.

Enfócate en metas a largo plazo. Por último, Tom destacó la importancia de mantener una perspectiva a largo plazo al expandir mi negocio de bienes raíces. En lugar de enfocarme en ganancias a corto plazo, debo establecer metas claras a largo plazo para mi negocio y trabajar diligentemente para alcanzarlas.

Al enfocarme en el panorama general y medir mi progreso en función de mis objetivos a largo plazo, podré garantizar un crecimiento constante y sostenible para mi negocio en los próximos años.

Al concluir nuestro almuerzo, agradecí a Tom por su valioso consejo y me comprometí a implementar sus estrategias en mi viaje de inversión en bienes raíces.

Hoy, al mirar hacia atrás esa conversación crucial, estoy agradecido por la guía de Tom y las lecciones que compartió. Siguiendo su consejo y aceptando el desafío de expandir mi negocio de bienes raíces, he alcanzado nuevos niveles de éxito y descubierto aún más secretos que no quieren que conozcas.

El camino de expandir un negocio de bienes raíces está lleno de desafíos e incertidumbres, pero también es un camino que conduce a recompensas inmensas y satisfacción. Al aplicar estas siete estrategias y mantener el compromiso con tus metas, podrás navegar por la complejidad del crecimiento y lograr un éxito duradero en el mundo de la inversión en bienes raíces.

Capítulo 39

Superando Desafíos y Obstáculos

Allí estaba yo, empacando mis maletas en mi auto, sintiendo una mezcla de emoción y nerviosismo. Con solo $900 en mi cuenta, dejé mi ciudad natal de El Paso, embarcándome en un viaje que daría forma a mi vida y me enseñaría lecciones invaluables. Mientras conducía hacia San Antonio, sabía que superar desafíos y obstáculos se convertiría en un pilar de mi éxito en esta nueva travesía.

Cuando llegué a San Antonio, mi amigo Robert me abrió las puertas de su casa, permitiéndome dormir en su sofá mientras encontraba mi lugar en esta ciudad desconocida. Fue durante este tiempo, viviendo en el sofá de Robert, que me di cuenta de la importancia de la resiliencia y la adaptabilidad frente a la adversidad.

Este período de mi vida me enseñó que enfrentar los desafíos de frente era fundamental para mi crecimiento como inversionista en bienes raíces. Aprendí rápidamente que la clave del éxito en esta industria altamente competitiva era tener la capacidad de adaptarse al cambio y superar obstáculos.

A medida que me adentraba más en el mundo de la inversión en bienes raíces, me enfrenté a numerosos desafíos. Tuve que aprender las complejidades del mercado local, establecer contactos con profesionales de la industria y adquirir las habilidades y conocimientos necesarios para tener éxito. Cada desafío que superé me acercaba un paso más a descubrir los secretos que no quieren que conozcas.

Uno de los obstáculos más significativos a los que me enfrenté fue encontrar mi nicho en el mercado de bienes raíces. Experimenté con varios tipos de propiedades, estrategias y mercados hasta que encontré la combinación adecuada para mis habilidades y metas únicas. Este proceso de prueba y error fue crucial para desarrollar la resiliencia y la capacidad de encontrar soluciones necesarias para tener éxito en esta industria competitiva.

Otro desafío al que me enfrenté fue construir una sólida red de contactos en una ciudad nueva. Tuve que salir de mi zona de confort, asistir a eventos de networking y establecer relaciones significativas con otros inversionistas, agentes y profesionales de la industria. Al superar este obstáculo, desbloqueé nuevas oportunidades y obtuve información valiosa que contribuyó a mi éxito.

La educación también desempeñó un papel vital en la superación de desafíos y obstáculos en mi trayectoria en bienes raíces. Al asistir a seminarios, talleres y cursos, pude mantenerme actualizado y adaptarme al panorama en constante cambio del mercado de bienes raíces.

Al reflexionar sobre mi viaje desde dormir en el sofá de Robert en San Antonio hasta convertirme en un exitoso inversionista en bienes raíces, me doy cuenta del poder de la determinación, la resiliencia y la creencia inquebrantable en uno mismo.

Superar desafíos y obstáculos es uno de los secretos que no quieren que conozcas, pero es fundamental para tu éxito como inversionista en bienes raíces. Al abrazar la adversidad y aprender a adaptarte, puedes desarrollar las habilidades y la mentalidad para prosperar en esta industria competitiva.

A medida que continúes en tu camino de inversión en bienes raíces, recuerda que cada desafío y obstáculo que enfrentes es una oportunidad para crecer. Acepta estas experiencias, aprende de ellas y utilízalas como escalones hacia el descubrimiento de los secretos del éxito en bienes raíces que no quieren que conozcas.

Capítulo 40

Superando el Miedo y la Procrastinación

La vida está llena de momentos en los que debemos tomar una decisión: enfrentar nuestros miedos y dar un salto de fe, o dejar que el miedo nos detenga y seguir viviendo en nuestra zona de confort. Como inversionista en bienes raíces, he aprendido que superar el miedo y la procrastinación es uno de los secretos que no quieren que conozcas, y es clave para desbloquear el éxito.

Fue durante la celebración del cumpleaños de la esposa de mi amigo y compañero inversionista en bienes raíces, Carlos, que tuve uno de esos momentos que cambian la vida. Al entrar a la animada fiesta, noté a una hermosa mujer llamada Jessica, sentada y conversando con su hermana. Mi corazón latía rápido y supe que tenía que superar mi miedo y aprovechar la oportunidad de presentarme.

Con una respiración profunda, reuní el coraje para interrumpir su conversación y pedirle a Jessica que bailara. En ese momento, mientras bailábamos y reíamos juntos, me enamoré de ella y supe que era la indicada para mí. Esta experiencia me enseñó que superar el miedo y tomar acción puede llevar a recompensas increíbles, tanto personal como profesionalmente.

En el mundo de la inversión en bienes raíces, superar el miedo y la procrastinación es esencial para el éxito. Al igual que para mí fue acercarme a mi esposa Jessica en esa fiesta, los inversionistas en bienes raíces deben enfrentar sus miedos de frente y tomar acción, incluso cuando se sienta incómodo o incierto.

El miedo puede manifestarse de muchas formas en la inversión en bienes raíces, como el miedo al fracaso, el miedo a asumir demasiado riesgo o el miedo a tomar una mala decisión de inversión. Por otro lado, la procrastinación puede surgir de sentimientos de abrumo, parálisis por análisis o simplemente falta de motivación.

Para superar el miedo y la procrastinación, considera estas estrategias:

Establece metas claras y alcanzables: Al establecer metas realistas y desglosarlas en pasos más pequeños y manejables, puedes concentrarte en tomar acción constante, lo cual ayuda a aliviar el miedo y la procrastinación.

Edúcate tu mismo: Obtener conocimientos y experiencia en tu campo elegido puede ayudar a reducir el miedo y la incertidumbre. Al conocer más sobre la inversión en bienes raíces, puedes tomar decisiones más informadas y construir confianza en tus habilidades.

Rodeate de personas con ideas afines: Contar con una red de apoyo de compañeros, mentores y otros inversionistas puede brindar aliento y orientación cuando enfrentas el miedo y la procrastinación. Sus experiencias y conocimientos pueden ayudarte a navegar situaciones desafiantes y mantenerte responsable de tus metas.

Acepta el fracaso como una oportunidad de aprendizaje: Al aceptar que el fracaso es una parte natural del proceso de aprendizaje, puedes ver los contratiempos como oportunidades para crecer y mejorar, en lugar de razones para evitar tomar acción.

Practica la atención plena y la autocompasión: Enfocarte en la atención plena y la autocompasión puede ayudarte a enfrentar tus miedos con una actitud más amable y comprensiva. Este enfoque te permite reconocer tus miedos sin paralizarte por ellos y te anima a tomar acción a pesar de ellos.

Como inversionista en bienes raíces, superar el miedo y la procrastinación es una habilidad esencial que puede llevar a un mayor éxito y satisfacción. Así como yo enfrenté mis miedos y me acerqué a mi esposa Jessica en la fiesta, tú puedes enfrentar tus miedos en la inversión en bienes raíces y descubrir las increíbles oportunidades que te esperan.

Recuerda, uno de los secretos que no quieren que conozcas es que superar el miedo y la procrastinación es crucial para lograr el éxito en la inversión en bienes raíces. Acepta estos desafíos y aprovecha las oportunidades que se presenten en tu camino, y abrirás las puertas hacia un futuro más brillante y próspero en el mundo de la inversión en bienes raíces.

Capítulo 41

Tu Ego no es tu Amigo

A medida que empecé a encontrar éxito en el mundo de la inversión en bienes raíces, no pude evitar sentir un sentido de orgullo y logro. Después de todo, había trabajado duro para desarrollar mis habilidades y conocimientos, y finalmente estaba cosechando las recompensas de mis esfuerzos. Sin embargo, no pasó mucho tiempo antes de que mi creciente ego comenzara a ensombrecer mis logros.

Un día, mientras discutía mis éxitos recientes con mi amigo y mentor, Tom, me encontré presumiendo de los grandes tratos que había cerrado y del dinero que estaba ganando. Tom me escuchó pacientemente, pero luego me detuvo y me dijo algo que cambiaría mi perspectiva para siempre: "Alberto, tu ego no es tu amigo".

Sus palabras me golpearon como un saco de ladrillos. Me di cuenta de que mi ego había comenzado a tomar el control, llevándome a volverte arrogante y demasiado confiado.

Sabía que si quería seguir creciendo como inversionista en bienes raíces, tendría que controlar mi ego.

Tom continuó explicando que en el mundo de la inversión en bienes raíces, la humildad y la autoconciencia son rasgos esenciales. Al reconocer nuestras fortalezas y debilidades, podemos tomar mejores decisiones, aprender de nuestros errores y seguir creciendo como inversionistas. Compartió que uno de los secretos que no quieren que sepas es que un ego equilibrado puede ser la clave del éxito a largo plazo.

Tomé el consejo de Tom en serio y comencé a trabajar activamente en controlar mi ego. Aprendí que un ego saludable puede ayudarnos a mantenernos confiados y motivados, mientras que un ego sobrevalorado puede llevar a tomar decisiones equivocadas y a la falta de crecimiento. Aquí hay algunas estrategias que utilicé para controlar mi ego:

Mantén la humildad y la gratitud: Recuerda que no importa cuánto éxito logres, siempre hay más por aprender. Agradece tus logros, pero reconoce también el papel que la suerte, el momento adecuado y el apoyo de los demás han desempeñado en tu éxito.

Busca retroalimentación y sé receptivo a las críticas: Busca activamente retroalimentación de los demás, incluso si es difícil de escuchar. Sé receptivo a las críticas y úsalas como una oportunidad para aprender y mejorar.

Acepta el aprendizaje y el crecimiento: Reconoce que no lo sabes todo y comprométete con el aprendizaje continuo. Mantén la curiosidad y la mente abierta, y adopta nuevas ideas y perspectivas.

Rodearte de perspectivas diversas: Relaciónate con personas que tienen antecedentes, experiencias y opiniones diferentes. Esto puede ayudar a desafiar tus suposiciones y evitar que te vuelvas complaciente en tu pensamiento.

Reflexiona sobre tus acciones y decisiones: Tómate regularmente el tiempo para reflexionar sobre tus acciones y decisiones. Considera cómo tu ego puede haber influido en tus elecciones e identifica áreas en las que puedes mejorar.

Al implementar estas estrategias, pude controlar mi ego y seguir creciendo como inversionista en bienes raíces y profesional. Como Tom me enseñó, tu ego no es tu amigo, y manejarlo es un aspecto esencial para lograr el éxito a largo plazo en el mundo de la inversión en bienes raíces.

Aprender a manejar mi ego fue una experiencia transformadora que me ayudó a convertirme en un inversionista en bienes raíces más efectivo y exitoso. Al adoptar una mentalidad humilde y orientada al crecimiento, pude construir relaciones más sólidas, tomar mejores decisiones y mantenerme resiliente frente a los desafíos.

A medida que continuaba mi viaje como inversionista en bienes raíces, comencé a notar el impacto que el manejo de mi ego tenía en mis relaciones y toma de decisiones. Al controlar mi ego, descubrí que estaba más abierto a la colaboración y dispuesto a aprender de los demás. Esto, a su vez, me ayudó a construir una red más sólida de contactos y establecer asociaciones más valiosas.

Recuerda, uno de los secretos que no quieren que sepas es que controlar tu ego es vital para lograr el éxito a largo plazo en la inversión en bienes raíces. Abraza la humildad, la mente abierta y el aprendizaje continuo, y estarás en el camino correcto para construir un próspero negocio en bienes raíces que perdure en el tiempo.

Capítulo 42

El Poder de las Redes de Contactos

A medida que avanzaba en mi viaje de inversión en bienes raíces, comprendí la importancia de construir una red sólida de contactos. Había aprendido el valor de gestionar mi ego, y sabía que no podía hacer todo por mi cuenta. Fue durante este período que descubrí el poder de las redes de contactos, que se convertirían en una parte crucial de mi éxito en bienes raíces.

Comencé a asistir a seminarios, talleres y eventos en vivo, ansioso por aprender de los inversores experimentados y profesionales de la industria. En estos eventos, no sólo adquirí valiosos conocimientos, sino que también comencé a establecer conexiones con personas que resultarían ser activos invaluables en mi carrera en bienes raíces.

Uno de los mayores beneficios de las redes de contactos que experimenté fue la capacidad de aprovechar los recursos de otras personas, comúnmente conocidos como DOP (Dinero de Otras Personas), EOP (Experiencia de Otras Personas), y TOP (Tiempo de Otras Personas). Al aprovechar estos recursos, pude escalar mi negocio de bienes raíces mucho más rápido que si hubiera intentado hacerlo todo por mi cuenta.

Por ejemplo, a través de las redes de contactos, conocí a un inversor experimentado llamado Eduardo que tenía una gran cantidad de experiencia y capital para invertir. Estaba interesado en asociarse conmigo en algunos negocios, y como resultado, pude utilizar su dinero (DOP) para financiar los proyectos sin tener que aportar toda la inversión por mí mismo.

De manera similar, me conecté con Nicole, una administradora de propiedades con años de experiencia en la gestión de propiedades de alquiler. Ella compartió su conocimiento y experiencia (EOP) conmigo, ayudándome a evitar las trampas comunes y a asegurar que mis propiedades se gestionaran de manera eficiente y efectiva. Esta asociación me ahorró innumerables horas de prueba y error, permitiéndome concentrarme en el crecimiento de mi negocio.

Finalmente, conocí a Luis, un contratista que tenía un equipo de profesionales calificados trabajando con él. Al aprovechar el tiempo de su equipo (TOP), pude completar renovaciones y reparaciones en mis propiedades mucho más rápido que si hubiera intentado hacerlo todo por mí mismo.

Estas conexiones y muchas otras que hice a través de las redes de contactos resultaron ser invaluables en mi viaje por los bienes raíces. El poder de las redes de contactos es uno de los secretos que no quieren que conozcas, ya que puede afectar significativamente tu éxito como inversor de bienes raíces.

Para aprovechar completamente el poder de las redes de contactos, recuerda:

Asistir a eventos de la industria: Los seminarios, talleres y conferencias son excelentes lugares para conocer a profesionales con ideas afines y aprender de sus experiencias.

Ser genuino y auténtico: Al establecer contactos, enfócate en construir conexiones reales con las personas, en lugar de simplemente intentar recolectar tarjetas de presentación.

Ofrecer valor a los demás: Comparte tu propio conocimiento y experiencia con los demás, y es más probable que reciprocen.

Mantente en contacto: Haz seguimiento con los contactos que hagas y cultiva esas relaciones con el tiempo.

Estar abierto a la colaboración: Reconoce que no tienes que hacer todo por tu cuenta y que asociarte con otros puede llevar a un éxito aún mayor.

Al abrazar el poder de las redes de contactos, puedes desbloquear nuevas oportunidades, acceder a valiosos recursos y hacer crecer tu negocio de bienes raíces más rápido de lo que jamás pensaste posible. Recuerda, este es uno de los secretos que no quieren que sepas, pero es esencial para el éxito a largo plazo en la inversión en bienes raíces.

Capítulo 43

Seminarios y Educación en Bienes Raíces

A medida que avanzaba en mi viaje de inversión en bienes raíces, rápidamente me di cuenta de que el conocimiento era una de las herramientas más poderosas que podía poseer. Cuanto más aprendía, más oportunidades veía y más confiado me volvía en mi toma de decisiones. Fue entonces cuando comencé a entender la importancia de los seminarios y la educación en bienes raíces.

Había oído hablar de estos seminarios y talleres a través de algunas de mis conexiones, y decidí invertir en mí mismo asistiendo a tantos como pudiera. Sabía que al aprender de otros que ya habían recorrido el camino en el que me encontraba, podía comprimir el tiempo y evitar muchos de los errores que ellos habían cometido.

Uno de los primeros seminarios a los que asistí fue dirigido por un exitoso inversor en bienes raíces llamado James. Él compartió sus perspectivas y experiencias, ofreciendo consejos invaluables para aquellos de nosotros que estábamos comenzando. Fue a través de su seminario que conecté con mi primer mentor en bienes raíces, quien más tarde se convertiría en una influencia significativa en mi carrera.

Mi mentor, Armando, tenía años de experiencia en la inversión en bienes raíces y había enfrentado muchos de los desafíos a los que me estaba enfrentando. Él pudo guiarme a través del proceso, ayudándome a identificar posibles problemas y minimizar mis riesgos. Al aprender de sus experiencias (EOP), pude tomar mejores decisiones y lograr el éxito más rápidamente que si hubiera intentado navegar el viaje solo.

A medida que continuaba asistiendo a seminarios y talleres, descubrí el valor de interactuar con los otros participantes. A menudo me quedaba hasta tarde después de las sesiones, discutiendo estrategias de bienes raíces e intercambiando ideas con mis compañeros asistentes. Estas conversaciones condujeron a la formación de nuevas amistades, así como a posibles asociaciones comerciales. También obtuve ideas sobre varios mercados y nichos, lo que me ayudó a ampliar mi perspectiva como inversor.

Además de los seminarios formales, comencé a buscar otros recursos educativos, como libros, podcasts y cursos en línea. Descubrí que aprender de múltiples fuentes me permitía obtener una comprensión más completa de la industria de los bienes raíces. Cada recurso proporcionaba una perspectiva diferente, y al absorber tanta información como fuera posible, podía ver el panorama completo y tomar decisiones más informadas.

El impacto de los seminarios y la educación en bienes raíces en mi vida no puede ser exagerado. Creo sinceramente que el conocimiento y las conexiones que adquirí a través de estas experiencias jugaron un papel crucial en mi éxito como inversor de bienes raíces. Además, creo firmemente que cualquier persona que esté seriamente interesada en lograr el éxito en la inversión de bienes raíces debería comprometerse con su propia educación y desarrollo personal.

Aquí está por qué los seminarios y la educación en bienes raíces son esenciales para los inversores:

Adquirir conocimientos valiosos: Aprender de expertos en el campo puede ayudarte a tomar decisiones informadas y minimizar los riesgos en tus inversiones.

Construir tu red: Asistir a seminarios y talleres es una excelente manera de conocer a personas con ideas afines que pueden convertirse en contactos valiosos y posibles socios.

Aprender de las experiencias de otros (EOP): Ahorra tiempo y evita errores costosos aprendiendo de aquellos que ya han enfrentado los desafíos que puedes enfrentar.

Mantente al día con las tendencias de la industria: Los bienes raíces son un campo en constante cambio, y es esencial estar informado sobre las nuevas estrategias y técnicas.

Mejora tus habilidades: La educación continua te permite desarrollar y perfeccionar las habilidades necesarias para tener éxito en la inversión en bienes raíces.

Los seminarios y la educación en bienes raíces son uno de los secretos que no quieren que sepas. Al invertir en ti mismo y aprovechar estas oportunidades de aprendizaje, puedes aumentar tus posibilidades de éxito y crear un futuro más próspero en la inversión en bienes raíces. Abraza el poder del conocimiento y observa cómo florece tu negocio de bienes raíces.

El camino hacia el éxito en la inversión de bienes raíces está lleno de desafíos y obstáculos. Sin embargo, con la mentalidad correcta, la dedicación y la voluntad de aprender y crecer, puedes superar estas barreras y lograr tus metas. Al asistir a seminarios de bienes raíces y ampliar tu educación, puedes adquirir las habilidades, el conocimiento y las conexiones necesarias para prosperar en esta industria competitiva.

Nunca subestimes la importancia del aprendizaje continuo y la auto-mejora. Como dice el refrán, el conocimiento es poder, y en el mundo de la inversión en bienes raíces, puede ser la diferencia entre el éxito y el fracaso. Así que asiste a seminarios, lee libros, escucha podcasts y interactúa con otros en la industria para expandir tu conocimiento y mantenerte a la vanguardia.

Recuerda, los secretos del éxito en la inversión de bienes raíces a menudo están escondidos a simple vista. Al aprovechar estas oportunidades de crecimiento y desarrollo, puedes desbloquear tu potencial completo y crear un futuro próspero en el mundo de los bienes raíces. Así que da ese salto de fe, invierte en ti mismo y observa cómo tus sueños se convierten en realidad.

Capítulo 44

Libros y Recursos de Bienes Raíces

Todavía recuerdo la primera vez que tomé un libro sobre inversión en bienes raíces. Era una copia vieja y gastada de un clásico que encontré en una librería local. Las páginas estaban amarillentas y la portada había visto días mejores, pero eso no me importaba. Estaba cautivado por la idea de crear riqueza a través de los bienes raíces y estaba ansioso por aprender todo lo que pudiera.

Mientras pasaba las páginas, no pude evitar sentir una sensación de emoción creciendo dentro de mí. Las palabras del autor me hablaron, encendiendo un fuego que finalmente me llevaría a convertirme en un exitoso inversor en bienes raíces. Fue a través de libros como este que aprendí los entresijos de la industria, desde encontrar ofertas y negociar contratos hasta administrar propiedades e inquilinos.

En los años que siguieron, continué devorando cada libro de bienes raíces que podía tener en mis manos. Leí sobre los éxitos y fracasos de otros inversores, aprendiendo de sus experiencias y adaptando sus estrategias a mis propios objetivos y circunstancias. También me propuse estar al día con las últimas tendencias y noticias de la industria, suscribiéndome a boletines y siguiendo blogs influyentes.

La importancia de los libros y recursos de bienes raíces no puede ser exagerada. Como inversor, debes esforzarte constantemente por expandir tus conocimientos y mantenerte informado sobre el mundo siempre cambiante de los bienes raíces. Es a través de este proceso continuo de aprendizaje que puedes mantenerte a la vanguardia y tomar las decisiones más informadas posibles.

Uno de los secretos que no quieren que sepas es cuán vitales son estos recursos en el camino hacia el éxito en bienes raíces. Al aprovechar la sabiduría y experiencia de otros, puedes comprimir el tiempo y acelerar tu camino para lograr tus objetivos. Y en una industria tan competitiva como los bienes raíces, cada ventaja que puedas obtener es crucial.

Aquí hay algunas razones por las cuales los libros y recursos de bienes raíces son esenciales para los inversores:

Construir una base sólida: Leer libros sobre inversión en bienes raíces puede ayudarte a entender los principios básicos y las estrategias que guiarán tus decisiones de inversión.

Aprende de los mejores: Muchos inversores exitosos en bienes raíces han compartido sus experiencias e ideas a través de libros y artículos, proporcionando lecciones invaluables para aquellos que recién comienzan.

Mantente al día sobre las tendencias de la industria: Los bienes raíces son un campo en constante evolución, y mantenerse informado sobre los últimos desarrollos puede darte una ventaja en el mercado.

Encuentra inspiración y motivación: Leer sobre los éxitos de otros inversores en bienes raíces puede inspirarte y motivarte a seguir adelante en tu propio camino.

Desarrolla tus habilidades: Al aprender continuamente y aplicar nuevos conocimientos, puedes perfeccionar tus habilidades y convertirte en un inversor en bienes raíces más eficaz y eficiente.

Si estás seriamente interesado en lograr el éxito en el mundo de la inversión en bienes raíces, debes comprometerte con tu educación y desarrollo personal. Leyendo libros, siguiendo blogs y relacionándote con otros inversores, puedes construir un caudal de conocimientos que te servirá bien en tu camino.

La verdad es que la inversión en bienes raíces es un campo multifacético y ningún libro o recurso único puede cubrir todos sus aspectos. Es por eso que es esencial diversificar tus fuentes de información y buscar continuamente nuevas oportunidades para aprender y crecer. Al hacerlo, estarás mejor equipado para enfrentar los desafíos que surjan en tu carrera en bienes raíces y finalmente lograr tus metas.

El camino al éxito en bienes raíces está pavimentado con una riqueza de recursos que están esperando ser aprovechados. Desde libros y artículos hasta podcasts, webinars y eventos de networking, hay un suministro prácticamente interminable de información a tu alcance. La clave es ser proactivo en la búsqueda de estos recursos, aceptar las lecciones que ofrecen y aplicarlas a tu singular camino como inversor en bienes raíces.

Así que tómate el tiempo para invertir en ti mismo y en tu educación. Busca los mejores libros y recursos de bienes raíces disponibles y haz que sea una prioridad aprender algo nuevo todos los días, no te conformes con solo leer un solo libro o asistir a un solo seminario. Con esta mentalidad y dedicación al aprendizaje continuo, estarás bien encaminado para desbloquear los secretos de la inversión en bienes raíces y lograr el éxito que siempre has soñado.

Capítulo 45

El Poder de la Riqueza Generacional

A medida que avanzaba en mi viaje de inversión en bienes raíces, empecé a entender que se trataba de algo más que simplemente acumular riqueza para mí mismo. Me di cuenta de que el verdadero poder de la inversión en bienes raíces radicaba en su capacidad para crear riqueza generacional: un legado que podría pasar a las futuras generaciones de mi familia.

Un día, mientras asistía a un seminario de bienes raíces, tuve el placer de escuchar a un exitoso inversor en bienes raíces compartir su historia. Era un inversor en bienes raíces de tercera generación, y su familia había estado construyendo y gestionando una vasta cartera de propiedades durante más de un siglo. El impacto de sus inversiones se extendía mucho más allá de su familia inmediata, proporcionando empleos, viviendas y oportunidades a innumerables individuos en su comunidad.

La historia de esta familia resonó conmigo, ya que demostraba el poder de la riqueza generacional y el potencial que tenía para cambiar no sólo mi vida, sino las vidas de mis futuros descendientes y las de las personas a mi alrededor. Me di cuenta de que invirtiendo estratégicamente en bienes raíces, podía crear un legado que beneficiaría a mi familia durante generaciones, incluso aunque aún no tenía hijos, sabía que esto era algo hacia lo que quería trabajar.

Inspirado por esta nueva comprensión, empecé a pensar en grande en términos de mis estrategias de inversión. Comencé a buscar oportunidades que no sólo generaran ingresos, sino que también proporcionaran valor a largo plazo y potencial de crecimiento. Me concentré en adquirir propiedades que no sólo se apreciarían en valor, sino que también servirían como una fuente estable de ingresos para mi futura familia.

A medida que mi cartera de bienes raíces crecía, comencé a ver el impacto tangible de mis inversiones en mi propia seguridad financiera. Además, estaba construyendo una base para las futuras generaciones, asegurándome de que tendrían los recursos necesarios para perseguir sus sueños y continuar el legado que había comenzado.

La idea de la riqueza generacional también me hizo reflexionar sobre la importancia de la educación financiera.

Entendí que, para crear verdaderamente un legado duradero, necesitaba transmitir no sólo mis activos, sino también mis conocimientos y experiencia en la inversión en bienes raíces. Comencé a educarme de forma más rigurosa, asistiendo a seminarios, leyendo libros y conectándome con otros inversores exitosos. De esta manera, cuando llegara el momento de transmitir mi legado, mis futuros hijos y nietos estarían bien equipados para gestionar y hacer crecer la riqueza que había construido.

También me di cuenta de que el poder de la riqueza generacional se extendía más allá de los beneficios financieros que proporcionaba. También ofrecía un sentido de orgullo y logro, sabiendo que el trabajo duro, la dedicación y las decisiones inteligentes tomadas hoy tendrían un impacto duradero en las vidas de quienes vienen después de nosotros. Es un motivador poderoso que me impulsa a seguir rompiendo los límites de lo posible en la inversión en bienes raíces y a nunca dejar de aprender y crecer.

Al mirar hacia el futuro, me emocionan las posibilidades que se avecinan. Sé que al continuar invirtiendo en bienes raíces y priorizando la riqueza generacional, no sólo estoy asegurando mi propio futuro financiero, sino también creando un legado duradero para mi familia.

El poder de la riqueza generacional es uno de los secretos más profundos de la inversión en bienes raíces. Es un factor decisivo que puede transformar no sólo su propia vida, sino la vida de quienes vienen después de usted. Al adoptar esta mentalidad y centrarse en crear un legado duradero a través de bienes raíces, puede liberar el verdadero potencial de esta increíble herramienta de creación de riqueza y cambiar el rumbo de la historia de su familia para siempre. A medida que se adentra en el mundo de la inversión en bienes raíces, recuerde el poder que reside en la construcción de la riqueza generacional y permítale guiarlo hacia un futuro más brillante y próspero.

A medida que continúa leyendo y aprendiendo de este libro, recuerde siempre la importancia de crear un legado duradero para su familia y el impacto que puede tener en las futuras generaciones. Mantenga las lecciones que ha aprendido en mente a medida que se adentra en el mundo de la inversión en bienes raíces y se esfuerza por crear riqueza generacional para usted y aquellos que vienen después de usted.

Recuerde que los secretos compartidos en este libro están aquí para guiarlo en su viaje, y con persistencia y dedicación, puede lograr un éxito increíble en la inversión en bienes raíces.

Capítulo 46

Ser un Fantasma

Una tarde normal, estaba almorzando con mi amigo y colega inversor en bienes raíces, Carlos. Mientras disfrutábamos de nuestra comida y debatíamos sobre nuestras inversiones más recientes, Carlos se inclinó y dijo: "Alberto, quiero compartir algo contigo, algo que nunca antes había dicho a nadie. El secreto más importante de mi éxito en bienes raíces". Intrigado, escuché atentamente mientras Carlos procedía a compartir su secreto: "Ser un Fantasma".

Al principio me sentí confundido, pero Carlos continuó explicando que ser un "fantasma" en el mundo de los bienes raíces significaba proteger tu riqueza mediante la asignación cuidadosa de tus activos utilizando las estructuras legales y estrategias financieras correctas. Para tener verdadero éxito y proteger tus inversiones, que te costaron tanto ganar, necesitas ser invisible, como un fantasma.

Carlos compartió que la clave para convertirse en un fantasma era contar con un sólido equipo de profesionales a tu lado. Este equipo debería incluir abogados corporativos, abogados de confianza, contadores que comprendan las estrategias del uno por ciento superior y otros expertos que puedan ayudarte a navegar el complejo mundo de la protección de activos.

Explicó que, utilizando corporaciones, fideicomisos y pólizas de seguro paraguas, puedes efectivamente separarte de tus activos, lo que dificulta que alguien pueda ir tras tu riqueza. Esencialmente, no posees nada, pero controlas todo.

Para ilustrar su punto, Carlos me habló de una de sus propiedades, una hermosa casa valorada en $400,000 que recientemente había terminado de pagar por completo. Había establecido una entidad separada, que también controlaba, y colocó un gravamen sobre la casa por $500,000. En papel, la casa parecía tener un patrimonio negativo, lo que desalentaba a cualquier demanda potencial o acreedores de intentar embargar la propiedad.

Me asombró la estrategia de Carlos y me di cuenta de que este era uno de los secretos que no quieren que sepas. Ser un fantasma era una forma poderosa de proteger tu riqueza y garantizar que podrías seguir construyendo tu imperio de bienes raíces sin el miedo a perderlo todo.

A lo largo de los años, he aprendido más sobre el arte de ser un fantasma y he incorporado estas estrategias en mi propio viaje de inversión en bienes raíces. He establecido corporaciones y fideicomisos, y he trabajado con profesionales de primera línea para asegurar que mi riqueza esté protegida. He aprendido que ser un fantasma no solo se trata de ocultar tus activos, sino también de tomar control de tu futuro financiero.

Entonces, mientras continúas creciendo y aprendiendo en el mundo de los bienes raíces, recuerda el poder de ser un fantasma. Al entender la importancia de la protección de activos y trabajar con un equipo de profesionales que pueden ayudarte a navegar este mundo complejo, puedes construir un imperio de bienes raíces exitoso y proteger tu riqueza duramente ganada.

Abraza el secreto de ser un fantasma, y deja que te guíen tu camino hacia el éxito en el sector de los bienes raíces.

El camino hacia el éxito en el sector de los bienes raíces está lleno de secretos que solo unos pocos están dispuestos a compartir. Uno de los secretos más importantes que he aprendido a lo largo de mi trayectoria es el poder de ser un fantasma. Al comprender la importancia de la protección de activos y trabajar con un equipo sólido de profesionales, puedes resguardar tu riqueza y mantenerla a salvo de posibles amenazas.

Mientras continúas en tu camino hacia el éxito en el sector de los bienes raíces, recuerda siempre las lecciones que has aprendido de este libro, incluido el secreto de ser un fantasma. Al aplicar estas estrategias y consejos, estarás en camino a construir un legado duradero y crear riqueza generacional para ti y tu familia.

Recuerda que los bienes raíces son una herramienta poderosa para construir riqueza y libertad financiera. Pero para tener éxito de verdad, debes estar dispuesto a aprender, adaptarte y crecer. Sigue avanzando, mantén la curiosidad y nunca dejes de buscar conocimiento. Los secretos que descubras pueden ser la clave para desbloquear la vida de tus sueños.

Capítulo 47

Dar y Crear un Legado

A lo largo de mi viaje en el sector de los bienes raíces, he aprendido muchas lecciones valiosas que han moldeado la persona que soy hoy. Pero ninguna es tan importante como la lección de dar y crear un legado. Este último secreto es uno que creo que abarca verdaderamente el espíritu del éxito y el poder de la inversión en bienes raíces.

Una vez me dijeron: "No puedes llevártelo contigo cuando te vayas". Esta simple frase tuvo un impacto profundo en mí y desde entonces se ha convertido en la fuerza impulsora detrás de mi deseo de dejar un legado perdurable para mi familia, mi comunidad y el mundo en general. He llegado a entender que el éxito en bienes raíces no es solo acerca de acumular riqueza, sino también de dar y crear un legado que perdurará mucho después de que hayamos partido.

Creo que dar es una ley universal, muy parecida a la gravedad. Podemos no entender completamente cómo funciona, pero sabemos que existe y tiene un impacto poderoso en nuestras vidas. Así como la gravedad siempre atrae los objetos hacia el suelo, dar tiene un tirón magnético que atrae aún más bendiciones y oportunidades a nuestras vidas. Es un ciclo de abundancia que no puede ser ignorado.

Como inversor en bienes raíces, he tenido el privilegio de adquirir riqueza y conocimiento que ha cambiado mi vida para mejor. Pero con este privilegio viene la responsabilidad - la responsabilidad de compartir mi conocimiento y recursos con otros, y de ayudar a aquellos que son menos afortunados.

He aprendido que el verdadero éxito no se mide por el tamaño de tu cuenta bancaria o el número de propiedades en tu cartera, sino por las vidas que tocas y la diferencia que haces en el mundo. Al compartir las estrategias y secretos que he aprendido a lo largo de mi viaje, espero inspirar a otros a dar y crear su propio legado.

Uno de los aspectos más gratificantes de dar es ver el efecto dominó que tiene en los demás. Cuando extendemos una mano de ayuda, no solo mejoramos las vidas de aquellos a quienes ayudamos, sino que también los inspiramos a hacer lo mismo por otros. Esto crea un ciclo de dar que continúa creciendo y expandiéndose, impactando innumerables vidas en el camino.

A medida que continúas creciendo en tu negocio de bienes raíces e implementando las estrategias compartidas en los 46 capítulos anteriores, te animo a que tengas en cuenta la importancia de dar y crear un legado. Usa tu éxito y riqueza para hacer una diferencia en la vida de los demás, y al hacerlo, encontrarás que tu propia vida se vuelve aún más plena y significativa.

El viaje hacia el éxito en bienes raíces no es un camino lineal, sino una serie de giros y vueltas llenos de lecciones, desafíos y oportunidades de crecimiento. Al abrazar los secretos compartidos en este libro y vivir una vida de abundancia, puedes desbloquear tu potencial completo como inversor en bienes raíces y crear un legado que perdurará por generaciones.

Nunca olvides que la verdadera medida del éxito no es la riqueza que acumulas, sino las vidas que tocas y el legado que dejas atrás. Mantén esto en mente mientras continúas creciendo en tu negocio de bienes raíces, y descubrirás que las recompensas y la satisfacción de dar son mucho mayores que cualquier ganancia financiera.

Recuerda, los secretos para el éxito en bienes raíces no son solo acerca de adquirir riqueza, sino también de usar esa riqueza para dar y crear un legado duradero. Al abrazar este último secreto y vivir una vida de generosidad, no solo lograrás el éxito financiero, sino que también experimentarás la alegría y satisfacción que provienen de tener un impacto duradero en el mundo que te rodea.

Capítulo 48

Palabras Finales

Mientras me siento aquí reflexionando sobre nuestro viaje juntos a través de las páginas de "Secretos Básicos de Bienes Raíces que No Quieren que Conozcas", me siento lleno de inmensa gratitud. Gracias por tomarte el tiempo para leer o escuchar este libro. Es mi sincera esperanza que hayas obtenido valiosas perspectivas que te impulsarán en tu viaje de inversión en bienes raíces.

Mi único deseo es que tomes al menos una cosa de este libro y la uses para crear un cambio positivo en tu vida. Mi objetivo es ayudar a los empresarios a ser mejores empresarios compartiendo los secretos de bienes raíces que no quieren que conozcas. Recuerda, el conocimiento es poder, y con las herramientas y mentalidad correctas, puedes lograr cualquier cosa que te propongas.

Ahora, quiero dejarte con un secreto adicional que no quieren que conozcas: la urgencia. Permíteme hacerte una pregunta. ¿Crees que es posible para un empresario tener

$50,000 en un lugar en un momento dado? Lo más probable es que hayas respondido que sí. Ahora, ¿crees que es posible para el mismo empresario tener 50,000 días para vivir en este planeta? La respuesta es no.

El humano promedio vive 72 años, algunos viven más, otros menos, pero 72 años veces 365 días solo da 26,280 días. ¡Y eso si nacieras hoy! El tiempo es nuestro activo más preciado, y debemos usarlo sabiamente para alcanzar nuestros sueños y dejar un legado duradero.

A medida que avances en tu viaje de inversión en bienes raíces, recuerda siempre que cada día es un regalo. Aprovecha las oportunidades que se presenten en tu camino y agárralas con ambas manos. Construye una sólida base de conocimiento, estate abierto a aprender de tus experiencias y nunca tengas miedo de correr riesgos.

Rodéate de personas afines que compartan tu pasión por la inversión en bienes raíces, y juntos, crearán una poderosa fuerza de cambio. Haz networking, aprende de otros y comparte tus propias experiencias para ayudar a otros a crecer y tener éxito.

Por lo tanto, al cerrar este libro y embarcarte en tu viaje de inversión en bienes raíces, te insto a tomar medidas masivas. No esperes el momento perfecto, porque puede que nunca llegue. Comienza hoy y haz que cada día cuente. Libérate de las limitaciones que te han frenado y avanza hacia el futuro con determinación y propósito.

Y a medida que progresas en tu viaje, recuerda dar a los demás. Haz de mentor para aquellos que recién comienzan, comparte tus experiencias y ayuda a construir una comunidad de inversores con ideas afines. Cuanto más das, más recibes. Es la ley del universo y funciona cada vez.

Además, no olvides la importancia de construir un legado. ¿Por qué quieres ser recordado? ¿Qué impacto tendrás en el mundo? Usa tu éxito en la inversión en bienes raíces para crear algo significativo que resistirá la prueba del tiempo. Ya sea a través de la filantropía, la mentoría o simplemente creando una vida mejor para tu familia, esfuerza siempre por dejar un impacto duradero y positivo.

Mantén contacto con aquellos que apoyan tus sueños y creen en tu visión. Tu red de contactos es tu patrimonio neto, y juntos, pueden lograr cosas increíbles. Aprendan unos de otros, apóyense mutuamente y celebren los éxitos de cada uno. A medida que crezcas y evoluciones como inversor de bienes raíces, tu red será la base de tu crecimiento y éxito continuo.

Por último, nunca dejes de aprender. El mundo de la inversión en bienes raíces es vasto y siempre está cambiando. Mantén la curiosidad, la humildad y siempre estés dispuesto a aprender algo nuevo. Cuanto más aprendas, más crecerás y más exitoso te volverás. Invierte en tu educación, lee libros, asiste a seminarios y busca mentores que te puedan guiar en tu camino. El conocimiento es la clave para abrir las puertas de la oportunidad y, con él, no hay límites para lo que puedas lograr.

Al finalizar, quiero expresar mi más profunda gratitud una vez más por acompañarme en este viaje. Ha sido un honor compartir mis experiencias y conocimientos contigo, y espero que te hayan inspirado y empoderado para tomar medidas en tu propia vida. Recuerda, el viaje de mil millas comienza con el primer paso. Así que da el primer paso con valentía en el mundo de la inversión en bienes raíces y crea la vida de tus sueños.

Y recuerda, como dijo el gran orador motivacional Les Brown, "No tienes que ser grandioso para empezar, pero tienes que empezar para ser grandioso."

Te deseo lo mejor en tu viaje en bienes raíces y más allá. Que encuentres éxito, satisfacción y felicidad en todo lo que hagas.

Esto no es el final, sino un nuevo comienzo.

Continuará...

Atentamente,
Alberto Molina